MEU 1º TECLADO

CRISTINE PRADO

Nº Cat.: 335-M

Irmãos Vitale Editores Ltda.
vitale.com.br
Rua Raposo Tavares, 85 São Paulo SP
CEP: 04704-110 editora@vitale.com.br Tel.: 11 5081-9499

© Copyright 1994 by Irmãos Vitale Editores Ltda. - São Paulo - Rio de Janeiro - Brasil.
Todos os direitos autorais reservados para todos os países. *All rights reserved.*

Dados Internacionais de Catalogação na Publicação (CIP)
(Câmara Brasileira do Livro, SP, Brasil)

Prado, Cristine
  Meu primeiro teclado / Cristine Prado.
  São Paulo : Irmãos Vitale

1. Teclado - Música I. Título

ISBN nº 85-7407-060-2
ISBN nº 978-85-7407-060-5

99-1572   CDD-786.07

Índices para catálogo sistemático:
1. Teclado : Estudo e ensino : Música   786.07

Prefácio

O principal objetivo deste método é propiciar tanto ao professor como ao aluno, um material didático específico para teclados portáteis, de maneira agradável, moderna e responsável.

O repertório é voltado para a faixa etária a que o livro se destina, ou seja, para crianças de 6 a 12 anos de idade.

A cada lição, serão apresentados e trabalhados os elementos musicais essenciais, assim como sugestões quanto ao aproveitamento dos recursos do instrumento.

Estaremos trabalhando o aprendizado musical da criança como um todo, e não somente ensinando técnicas de manejo do instrumento.

Paulatinamente, estaremos estimulando o desenvolvimento da leitura melódica, rítmica, da coordenação motora, o treinamento auditivo, a interpretação, a escolha adequada dos ritmos e dos instrumentos.

Lembramos que as sugestões quanto à registração podem ser alteradas, de acordo com o instrumento e gosto musical de cada um.

Esperamos que, em seu trabalho de formação musical, este livro possa ser uma útil ferramenta.

Saudações musicais,

Cristine Prado

Créditos

Editoração eletrônica, gráficos e diagramação: Ana Maria Santos Peixoto
Editoração eletrônica de partituras: Luciano Alves
Revisão: Cristine Prado
Ilustrações: Luisão
Arte: Nicolau Maximiuc

Índice

O Teclado 7
Fundamentos Musicais 10
Lições 15
    Lição 1 - O Eco 16
    Lição 2 - Três Notinhas 20
    Lição 3 - Eu Já Sei Solfejar 24
    Lição 4 - O Cuco 28
    Lição 5 - Todos Os Patinhos 32
    Lição 6 - Frère Jacques 36
    Lição 7 - Inverno Adeus 40
    Lição 8 - De Marré 44
    Lição 9 - O Pastorzinho 48
    Lição 10 - Atirei O Pau No Gato 52
    Lição 11 - Oh! Susana 56
    Lição 12 - O Cravo e a Rosa 60
    Lição 13 - O Príncipe das Galáxias 64
    Lição 14 - Jarrinha Marrom 68
    Lição 15 - Amor 72
    Lição 16 - Aquarela do Brasil 76
Repertório 83
    Jingle Bells 84
    Noite Feliz 86
Certificado de Conclusão 88

O Teclado

Aqui estão as partes básicas de um teclado:

No painel de registração são encontradas as diversas opções de instrumentos, de ritmos, controles de volume, de velocidade, de efeitos especiais, etc.

O visor nos mostra quais opções estão sendo utilizadas.

A quantidade de timbres e ritmos pode variar de teclado para teclado, dependendo do modelo e do fabricante.

O mesmo acontece com o número de teclas, sendo mais comum o teclado de cinco oitavas.

Principais Registros

Power ou tecla on/off - é aqui que você liga o teclado (sem esquecer de colocar pilhas ou na tomada, é claro).

Master Volume - controla o volume geral.

Voice List ou Voice Bank Selector ou Solo ou Orchestra - onde você seleciona o som a ser utilizado.

Style List ou Rhythm - onde você seleciona o ritmo a ser utilizado.

Mode ou Auto-Chord - onde você escolhe se quer tocar com acompanhamento automático ou não.

    Opções:

    a) **normal** - não produz acompanhamento automático (como o piano);

    b) **split** - determina a partir de qual nota do teclado terá início a seção de acompanhamento automático, ou, uma registração diferenciada para cada mão;

    c) **single finger** - reproduz acordes inteiros através de uma única tecla de acordo com o ritmo escolhido;

    d) **fingered** - reproduz os acordes automaticamente, de acordo com o ritmo escolhido.

O Ritmo

Start - faz com que o ritmo se inicie imediatamente.

Synchro-start - faz com que o ritmo se inicie somente quando tocarmos uma nota qualquer da seção de acompanhamentos automáticos.

Stop - desliga o ritmo.

Fill-in ou break - cria uma variação rítmica.

Observação: O professor deve sempre verificar se o aluno está percebendo corretamente a pulsação do ritmo eletrônico, utilizando recursos didáticos tais como: bater palmas ou contar em voz alta, acompanhando diversos ritmos em velocidades variadas.

Alguns Efeitos Especiais

Intro - cria uma introdução de acordo com o ritmo selecionado.

Ending - cria uma finalização de acordo com o ritmo selecionado.

Dual Voice - combinação de dois sons simultâneos.

Observação: Estes são apenas alguns recursos que a maioria dos teclados oferece. Para maiores detalhes, consulte o manual do modelo que você adquiriu.

Fundamentos Musicais

Notas musicais - símbolos que representam os sons.

Notas musicais e suas cifras correspondentes:

dó	ré	mi	fá	sol	lá	si
C	D	E	F	G	A	B

Pauta ou pentagrama - conjunto de cinco linhas e quatro espaços, onde escrevemos as notas.

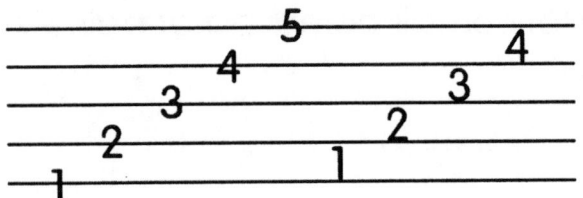

Clave - sinal colocado no início da pauta, que indica a maneira que devemos ler as notas.

Dedilhado - numeração feita para melhor executarmos uma peça musical.

Compassos - divisão da música em partes iguais.

C ou $\frac{4}{4}$: compasso quaternário

$\frac{3}{4}$: compasso ternário

$\frac{2}{4}$: compasso binário

Valores ou figuras musicais - símbolos que nos indicam a duração das notas. São elas:

𝅝	semibreve
𝅗𝅥	mínima
𝅘𝅥	semínima
𝅘𝅥𝅮	colcheia
𝅘𝅥𝅯	semicolcheia
𝅘𝅥𝅰	fusa
𝅘𝅥𝅱	semifusa

Quadro comparativo dos valores utilizados neste livro:

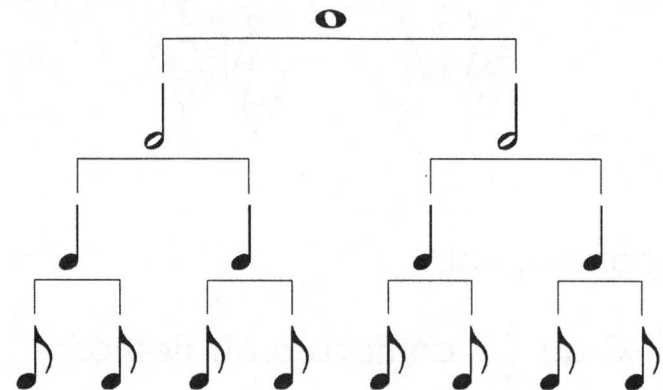

Ponto de aumento - ponto colocado do lado direito da nota, aumentando, assim, metade de seu valor.

Exemplo: 𝅗𝅥.

Pausas ou figuras negativas - são símbolos que indicam silêncio. São elas:

▬	pausa de semibreve
▬	pausa de mínima
𝄽	pausa de semínima
𝄾	pausa de colcheia
𝄿	pausa de semicolcheia
𝅀	pausa de fusa
𝅁	pausa de semifusa

Ligadura - sinal em forma de arco, que serve para unir as notas. Se as notas unidas pela ligadura forem iguais, não devemos repetir a segunda nota.

Exemplo:

Sinais de alteração ou acidentes - são símbolos que alteram o som natural das notas. Vamos conhecer o sustenido ♯, que eleva meio tom à nota, o bemol ♭, que abaixa meio tom à nota e o bequadro ♮, que anula o efeito tanto do bemol como do sustenido.

Anacruse - é como chamamos o primeiro compasso de uma peça musical, quando este vem incompleto.

Tacet ou N.A. - indicam a ausência de ritmo e acompanhamento no compasso.

Acordes - notas tocadas simultaneamente. Podem ser também representadas por meio de cifras.

Linhas suplementares - são linhas acrescidas acima ou abaixo da pauta, quando esta for insuficiente para conter as notas desejadas.

Barras de compasso - são as barras que usamos para dividir compassos.

|

Barras de finalização - são as barras utilizadas para indicar o final de uma peça musical.

‖

Barras de repetição - indicam o trecho musical que devemos repetir.

Chaves de repetição - indicam que devemos repetir um determinado trecho musical, sem tocar novamente a chave 1.

LIÇÕES

Lição 1 - O ECO

Registração
melodia: piano ou piano elétrico
ritmo: swing, bounce ou shuffle
acompanhamento: normal

Synchro Start

(Cristine Prado)

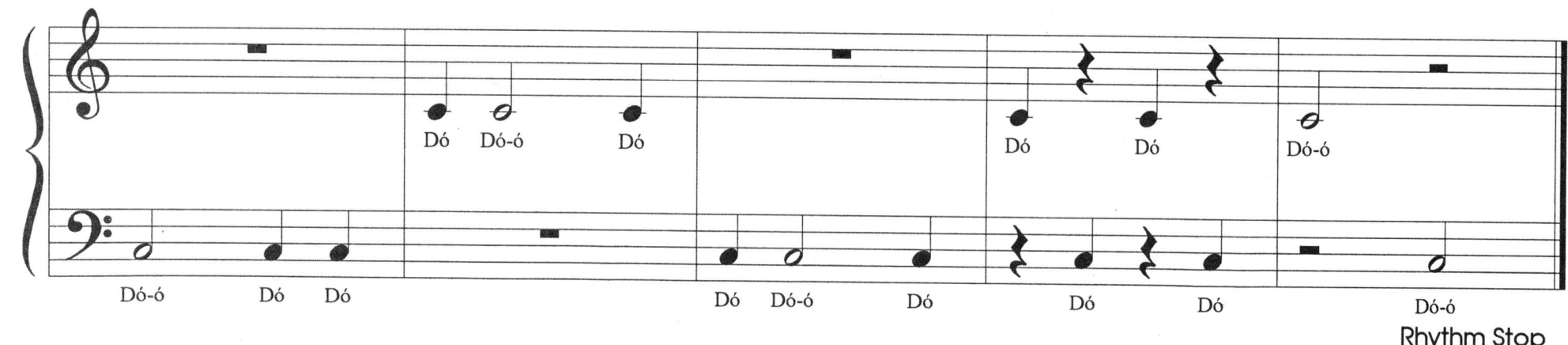

Rhythm Stop

O Que Estamos Aprendendo

Localização das notas na pauta e no teclado

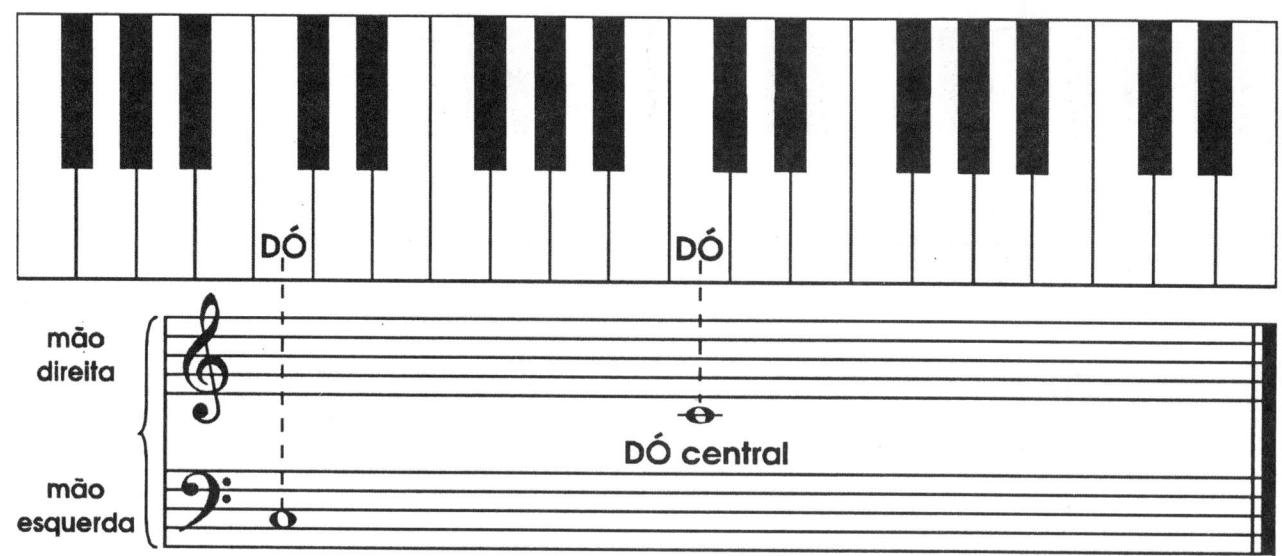

Dicionário

Sinchro Start - faz com que o ritmo se inicie sincronizadamente com a primeira nota que você tocar.

Rhythm Stop - desliga o ritmo.

Símbolos Musicais

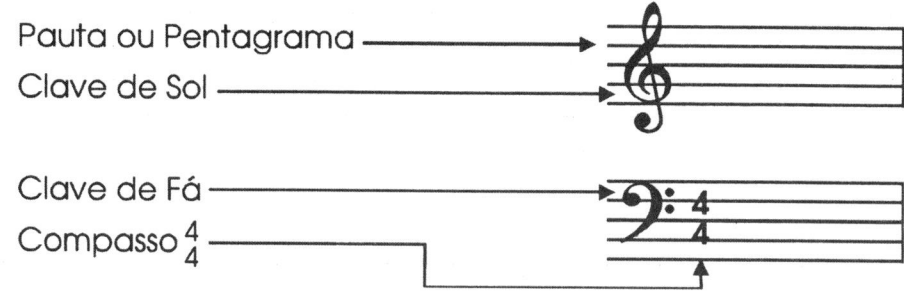

Dedilhado

Valores ou Figuras Musicais e Suas Pausas

- 𝅝 - semibreve
- 𝅗𝅥 - mínima
- 𝅘𝅥 - semínima

- 𝄻 - pausa da semibreve
- 𝄼 - pausa da mínima
- 𝄽 - pausa da semínima

17

Exercícios de Fixação

1) Pinte todas as notas **dó** de vermelho:

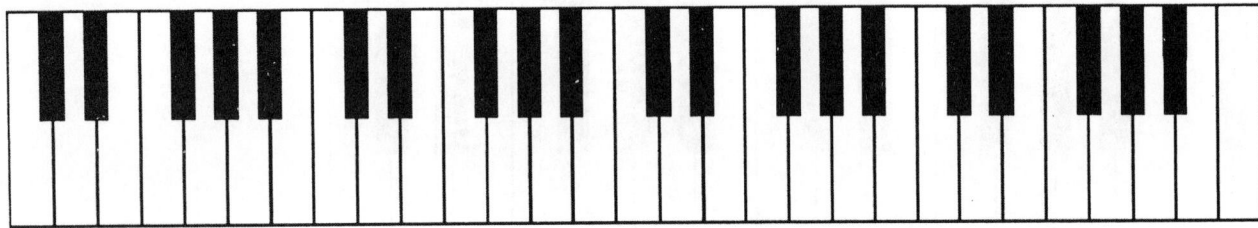

2) Coloque os números dos dedos:

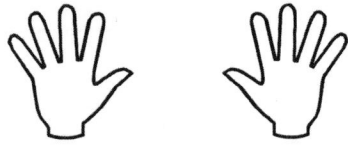

3) Desenhe as claves de **sol** e de **fá**, seguindo o modelo:

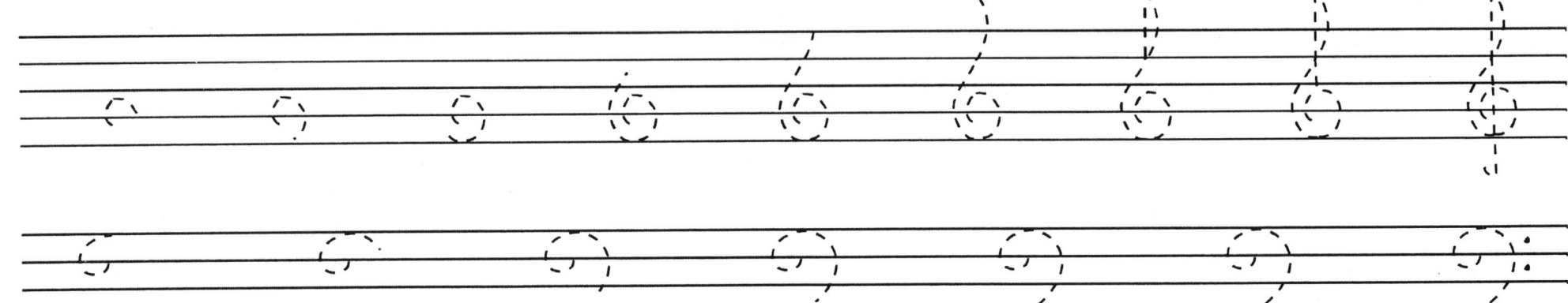

4) O que é pauta ou pentagrama?

5) Desenhe as notas que você já aprendeu na pauta musical:

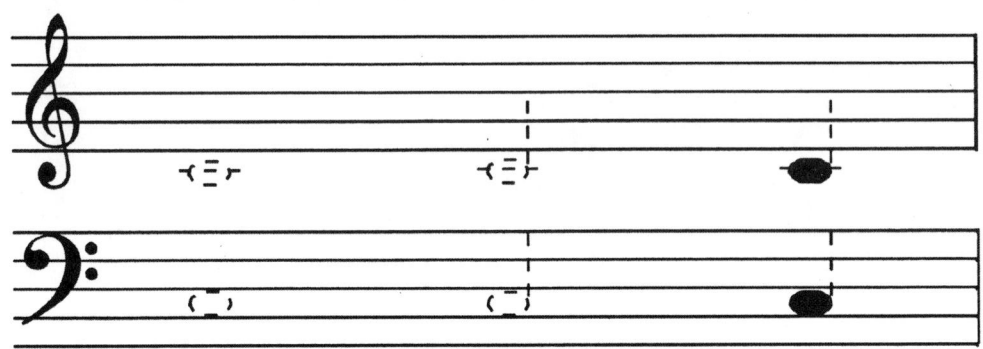

6) Bata palmas seguindo as sequências rítmicas:

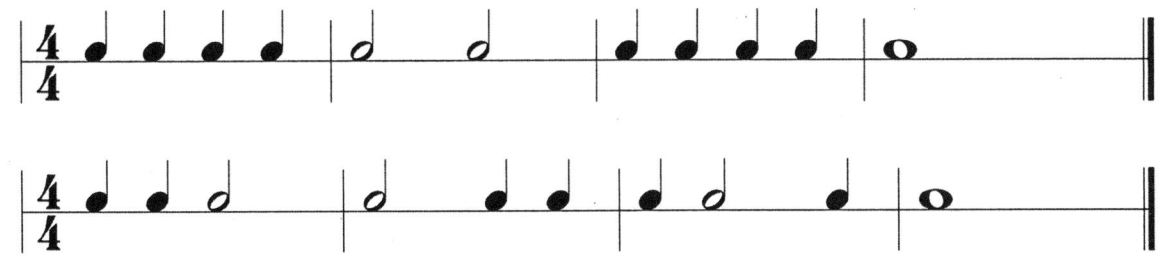

7) Faça a ligação:

mínima

semibreve

semínima

19

Lição 2 - TRÊS NOTINHAS

(Cristine Prado)

Registração
melodia: clarinete
ritmo: 8 beat, pops ou rock
acompanhamento: normal

O Que Estamos Aprendendo

Localização das notas na pauta e no teclado

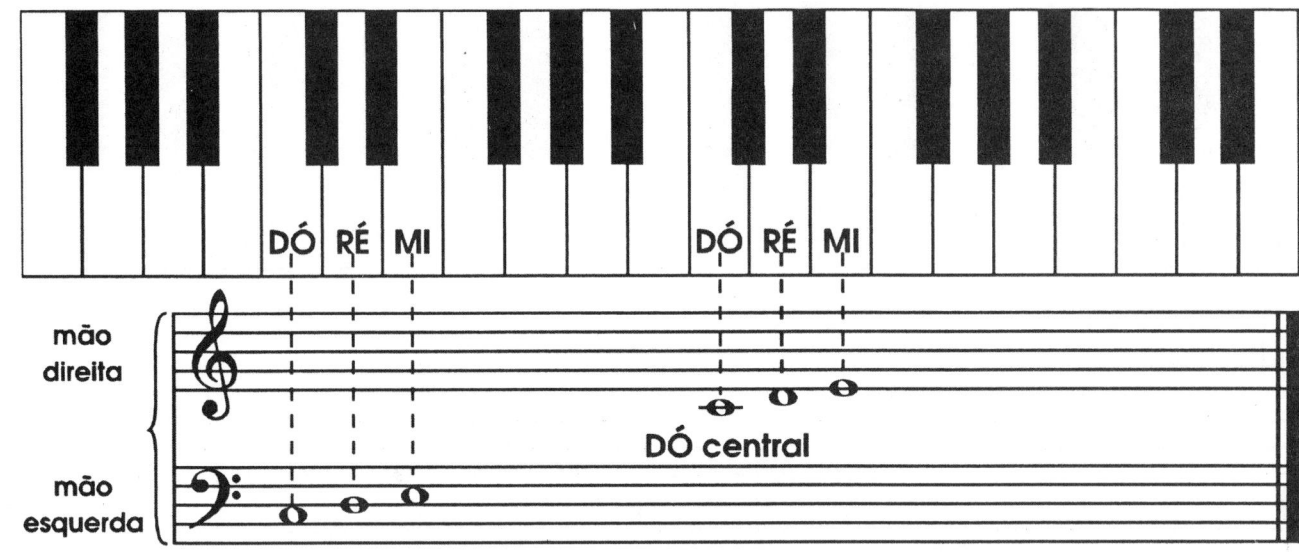

Fórmula de compasso   **4** → 4 tempos por compasso
                                            4 → indica que a ♩ vale 1 tempo

Fixação dos elementos musicais já apresentados

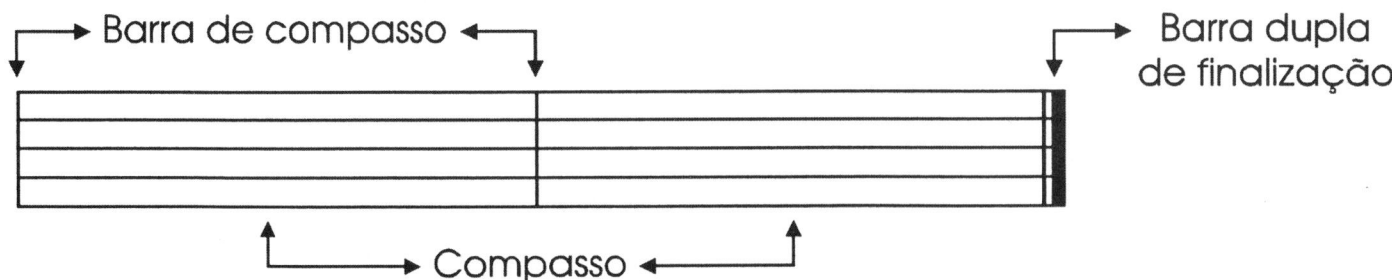

Exercícios de Fixação

1) Pinte as notas **dó** de vermelho, **ré** de azul e **mi** de verde:

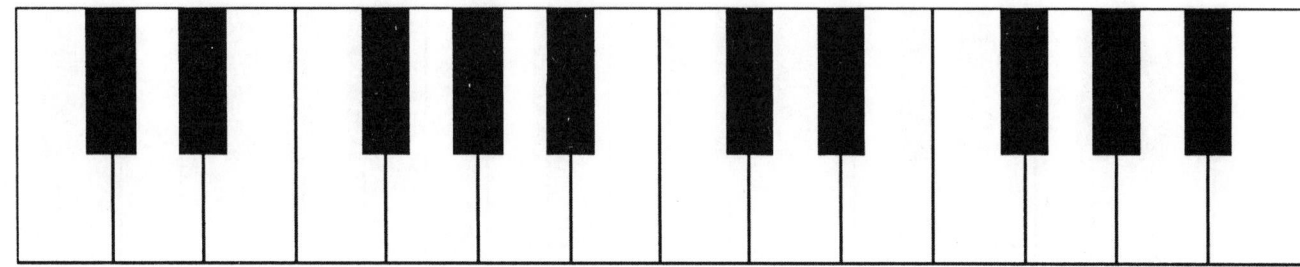

2) Escreva o nome das notas:

3) Faça a ligação:

𝄽   semibreve

𝅗𝅥   pausa de mínima

▬   semínima

o   pausa de semibreve

𝅘𝅥   mínima

▬   pausa de semínima

4) Divida em compassos:

5) Bata palmas seguindo as sequências rítmicas:

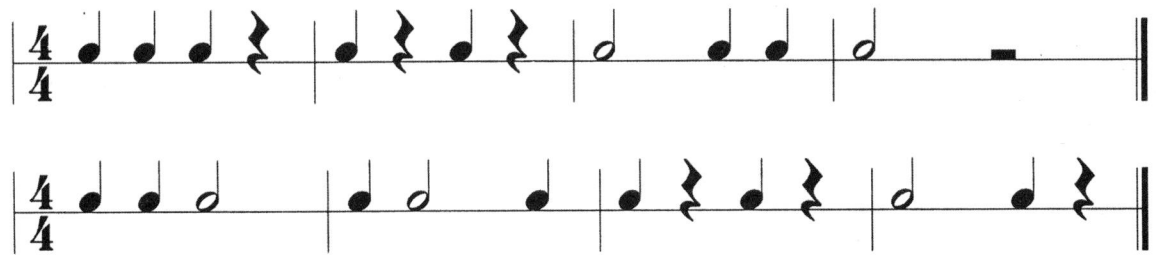

6) Desenhe as notas **dó**, **ré** e **mi**:

Lição 3 - EU JÁ SEI SOLFEJAR

(Tradicional Alemã)
(Adaptação da letra: Cristine Prado)

Registração
melodia: piano elétrico
ritmo: swing, bounce ou shuffle
acompanhamento: single finger

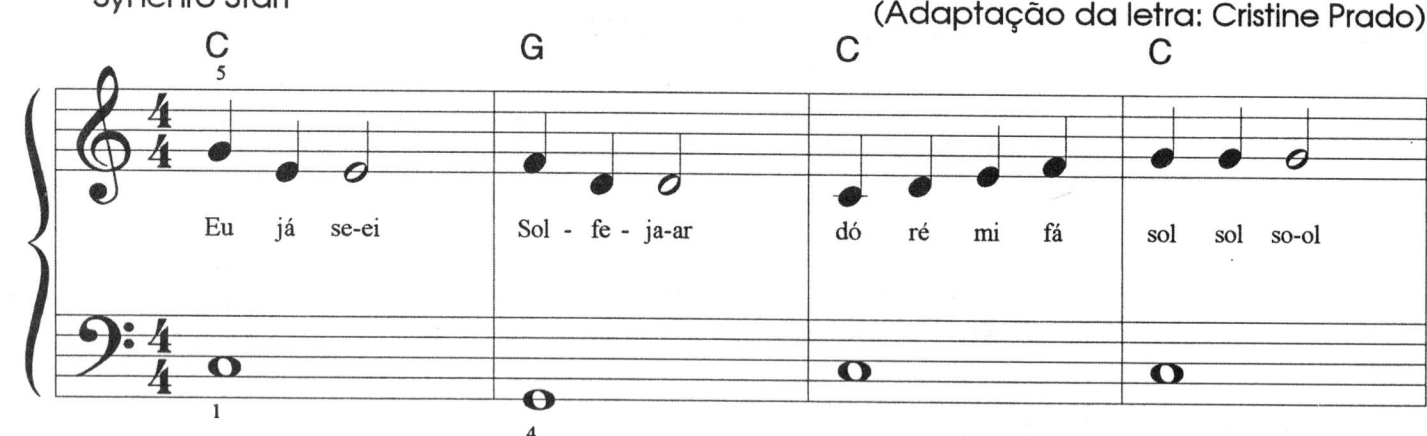

Eu já se-ei / Sol - fe - ja-ar / dó ré mi fá / sol sol so-ol

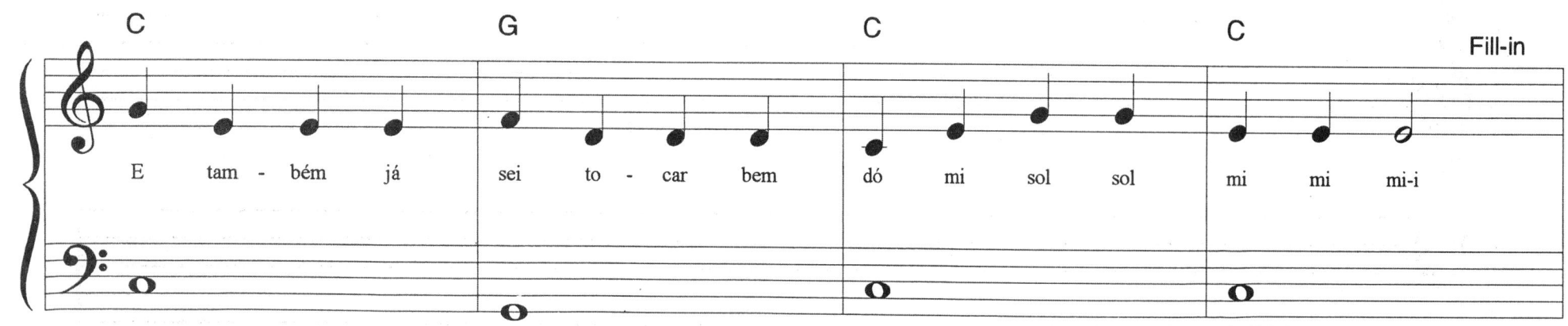

E tam - bém já / sei to - car bem / dó mi sol sol / mi mi mi-i

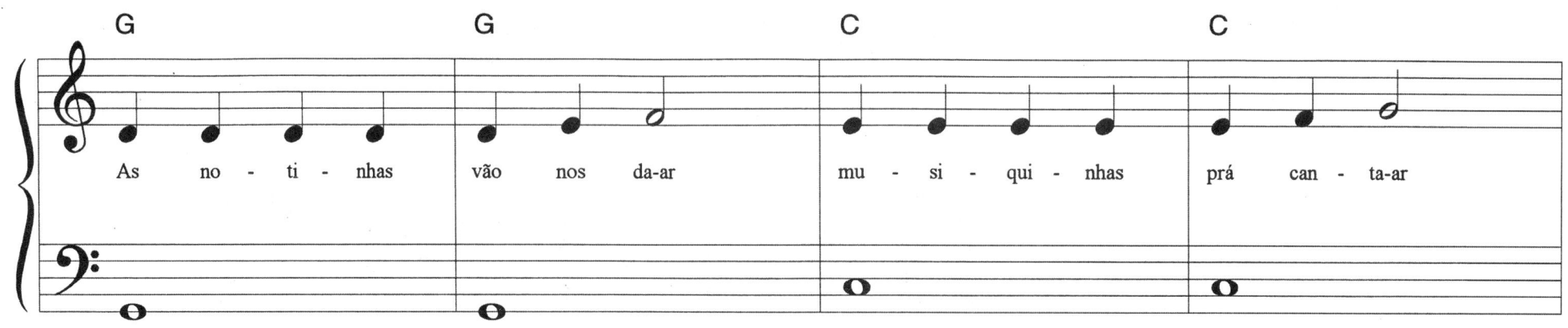
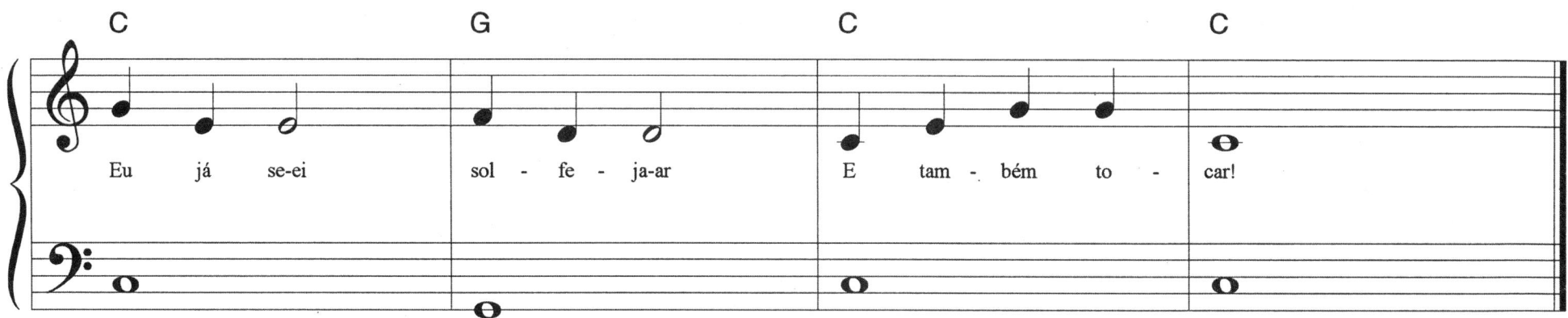

Ending

O Que Estamos Aprendendo

Localização das notas na pauta e no teclado

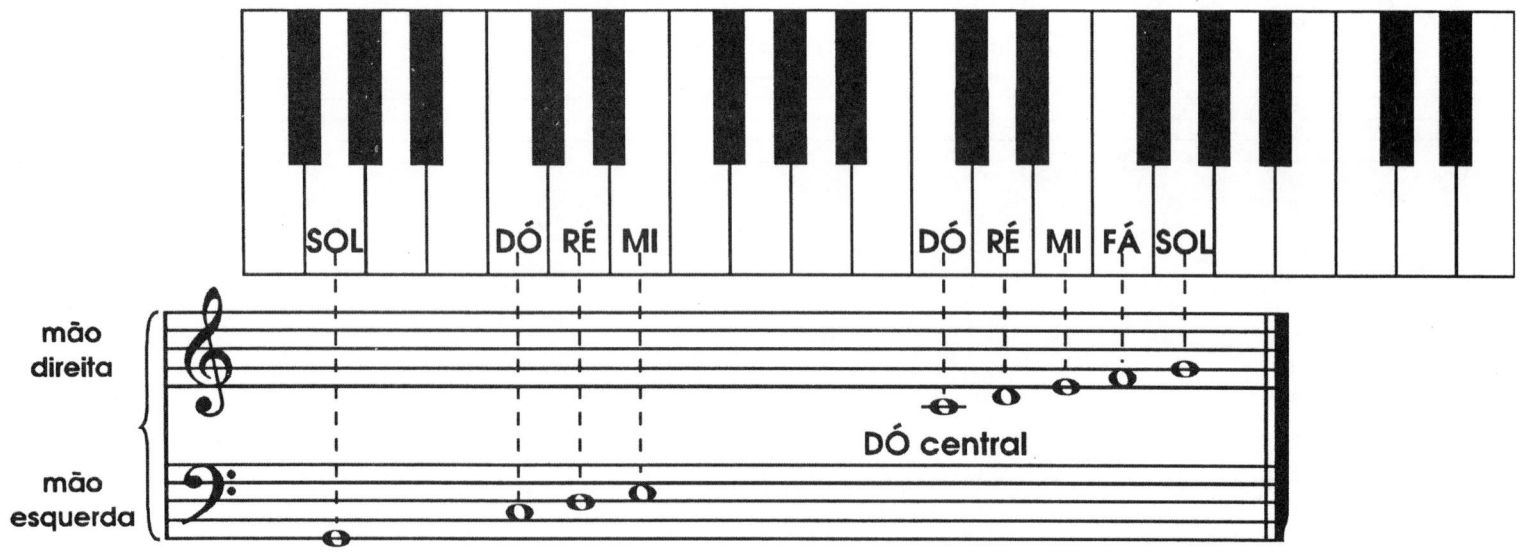

Cifras - letras que indicam notas ou acordes:

C = dó   G = sol

Single Finger - recurso que nos dá o acompanhamento automático por meio de uma única nota tocada na região de acordes automáticos.

Fill-in ou break - variação rítmica.

Ending - finalização automática.

Exercícios de Fixação

1) Pinte as notas **dó** de vermelho, **ré** de azul, **mi** de verde, **fá** de marrom e **sol** de amarelo:

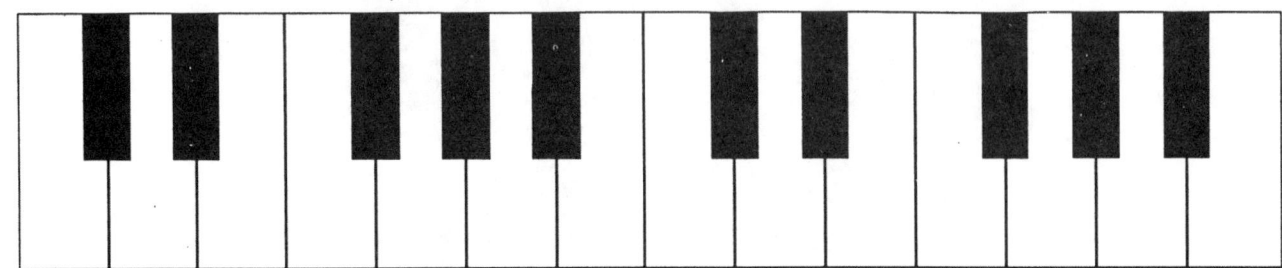

2) Escreva os nomes das notas:

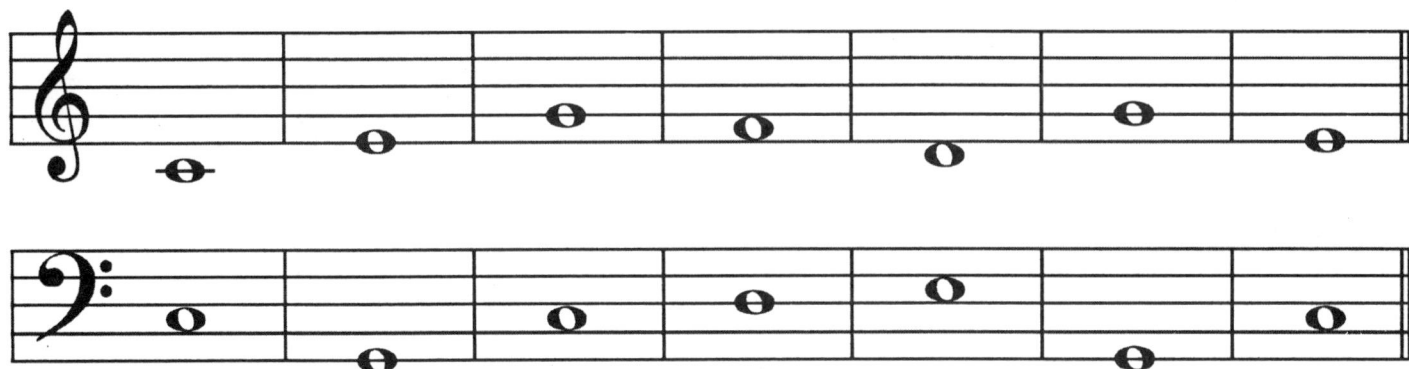

3) Localize as cifras **C** e **G** no teclado:

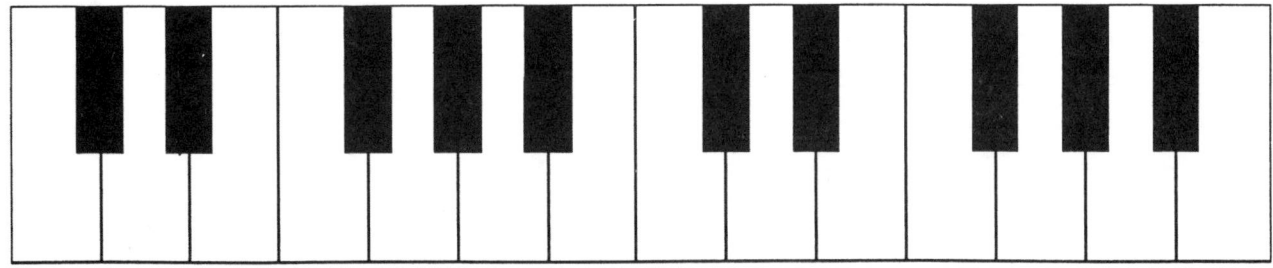

Lição 4 - O CUCO

(Tradicional Alemã)

Registração
melodia: flauta
ritmo: valsa (waltz)
acompanhamento: single finger

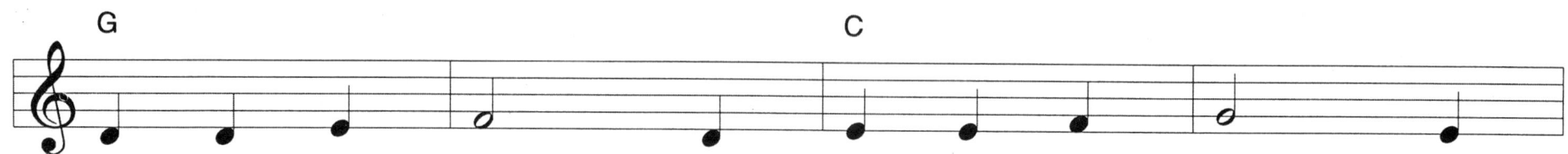
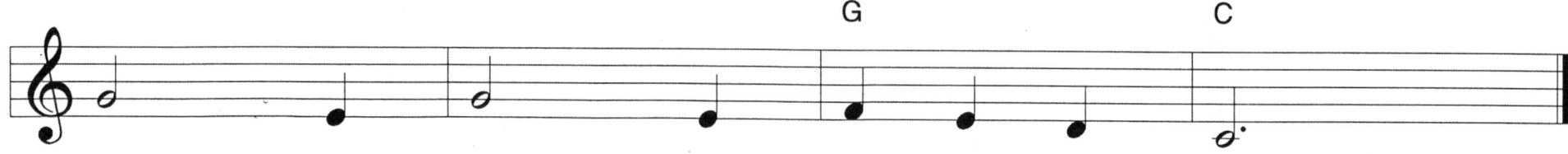

Ending

O Que Estamos Aprendendo

Localização das cifras no teclado

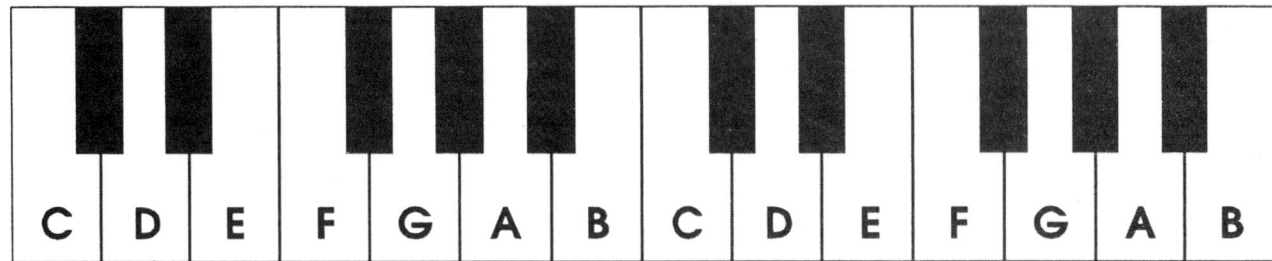

Compasso Ternário   **3** → 3 tempos por compasso
                               4 → unidade de tempo = ♩

Ponto de Aumento - aumenta metade do valor da nota.
                         O ponto de aumento é sempre colocado
                         do lado direito da nota.

Exemplo: 𝅗𝅥.

29

Exercícios de Fixação

1) Desenhe as notas na pauta musical:

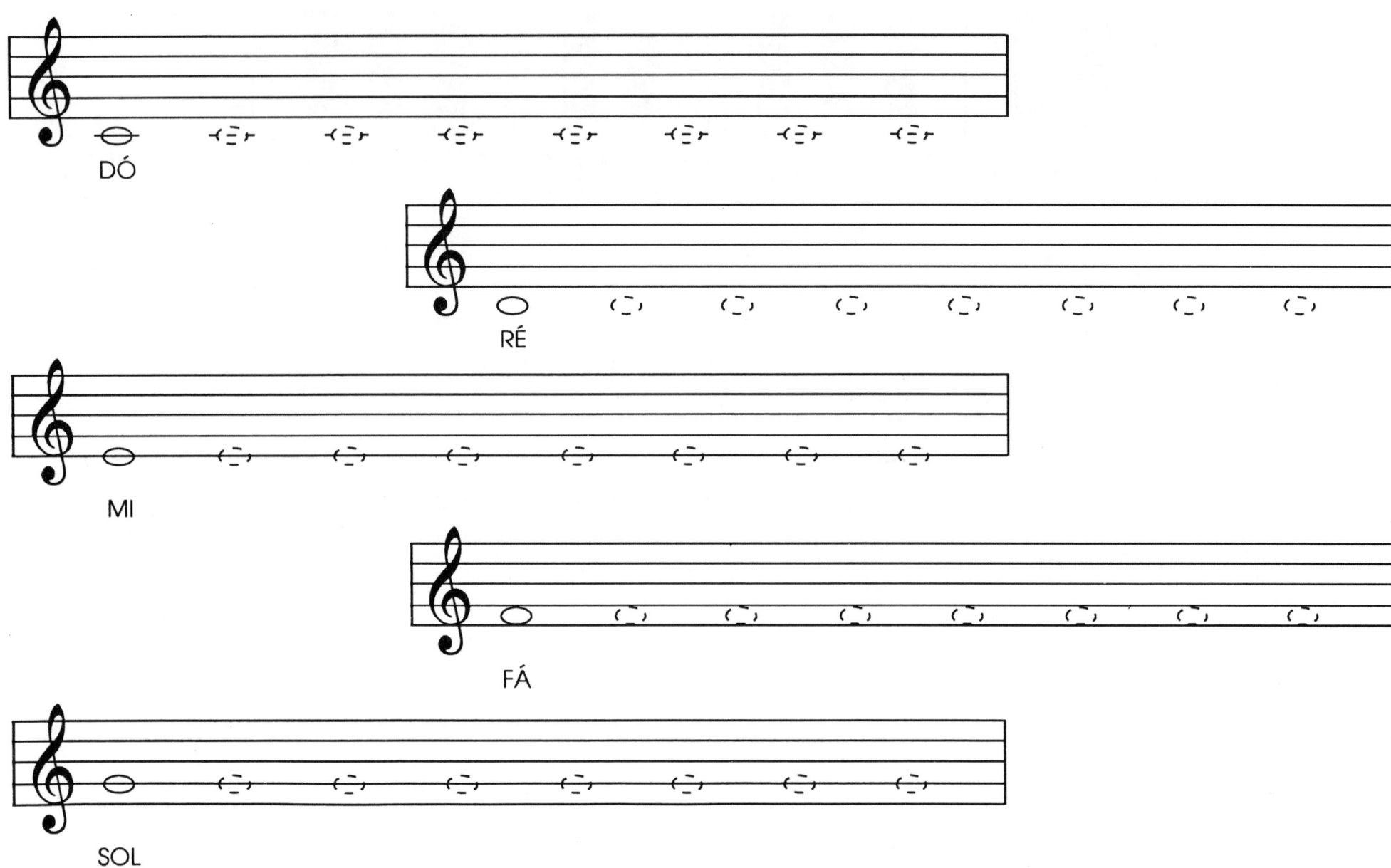

30

2) Divida em compassos:

3) Escreva as cifras no teclado:

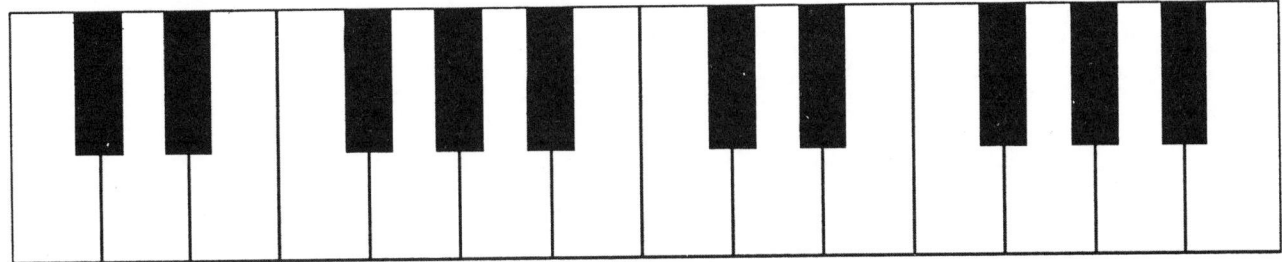

4) Bata palmas seguindo as sequências rítmicas:

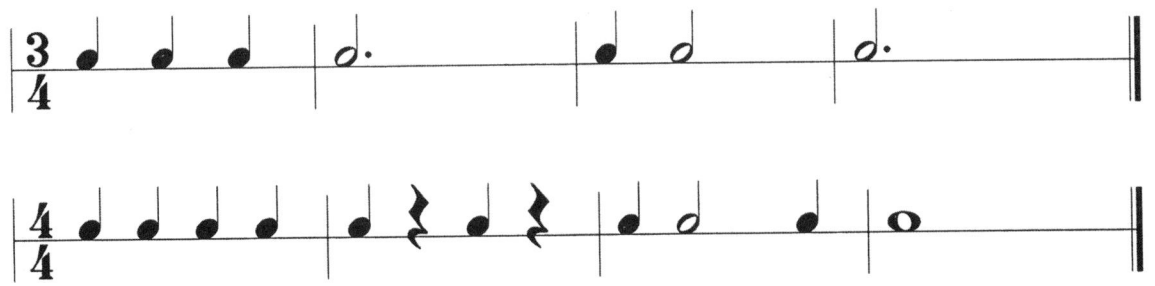

31

Lição 5 - TODOS OS PATINHOS

Synchro Start (Tradicional Alemã)

Registração
melodia: trompete
ritmo: swing, bounce ou shuffle
acompanhamento: single finger

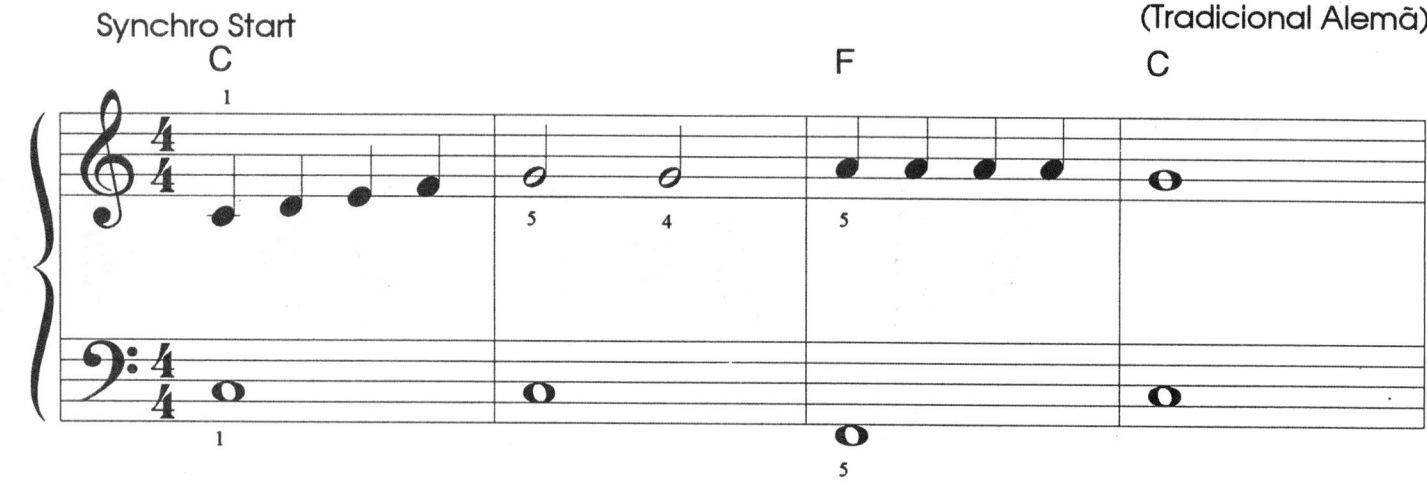

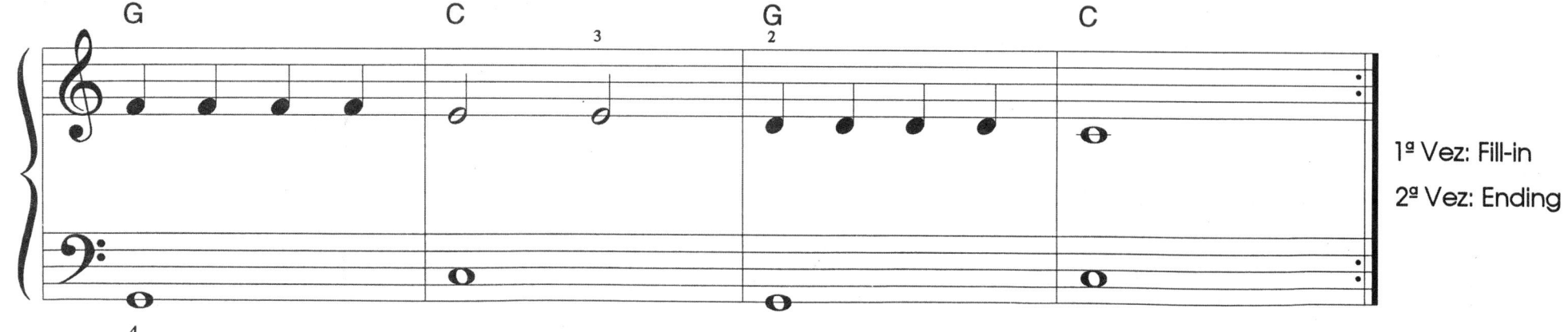

1ª Vez: Fill-in

2ª Vez: Ending

O Que Estamos Aprendendo

Localização das notas na pauta e no teclado

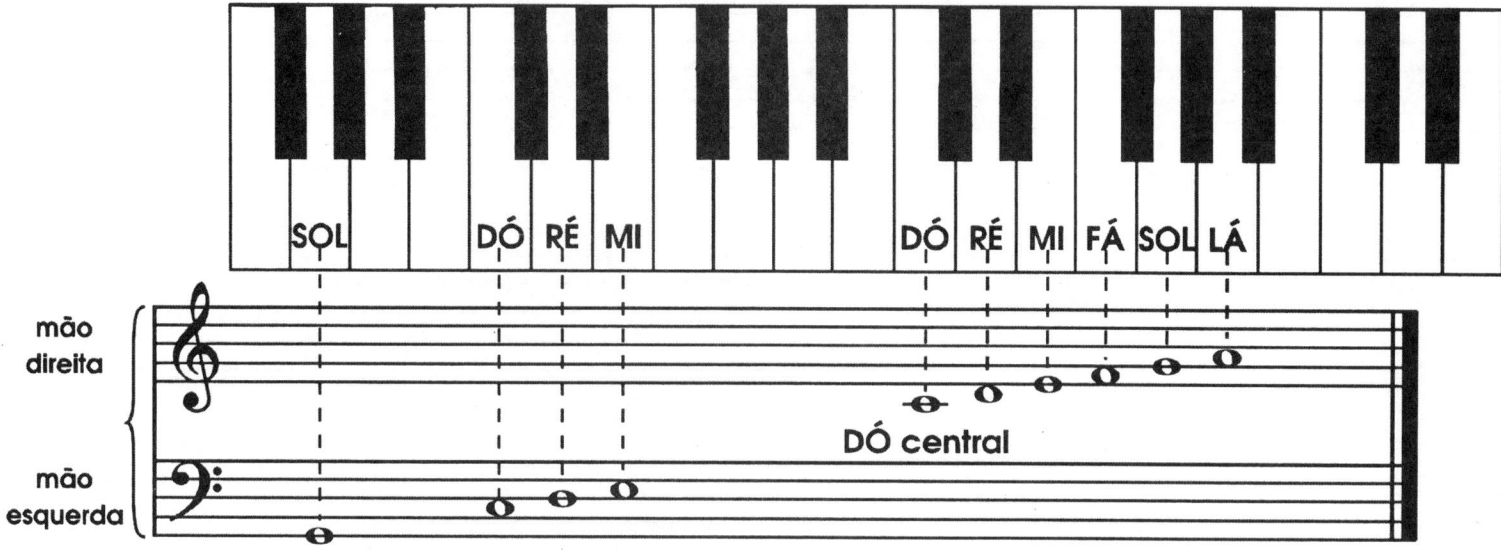

Barras de Repetição

Exercícios de Fixação

1) Desenhe as notas musicais:

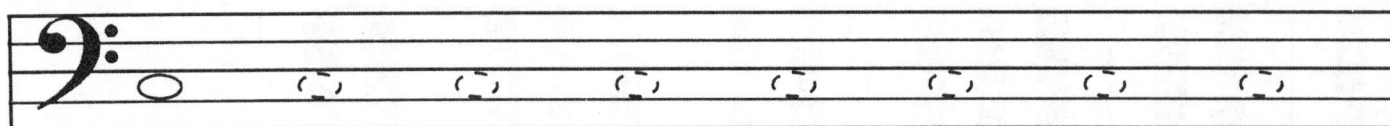

DÓ

RÉ

MI

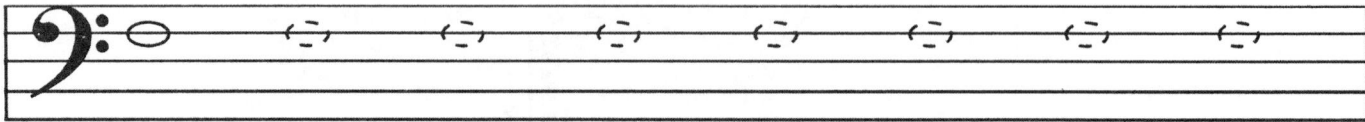

FÁ

SOL

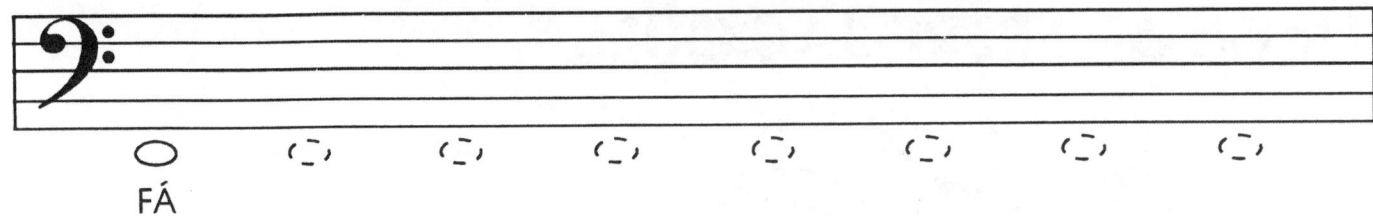

FÁ

SOL

SI

2) Desenhe a nota **lá** em clave de sol:

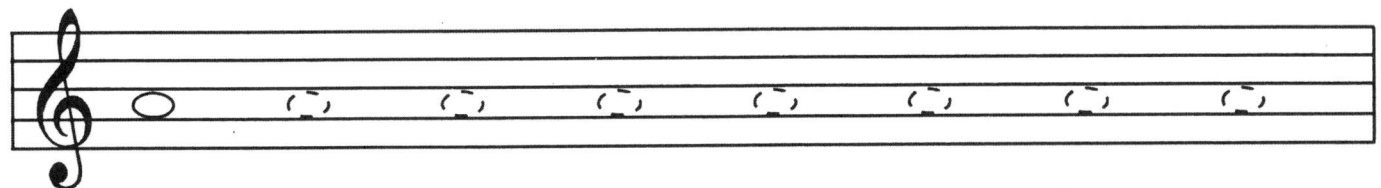

Lição 6 - FRÈRE JACQUES

Synchro Start

(Tradicional Francesa)

Registração
melodia: órgão eletrônico
ritmo: marcha
acompanhamento: normal

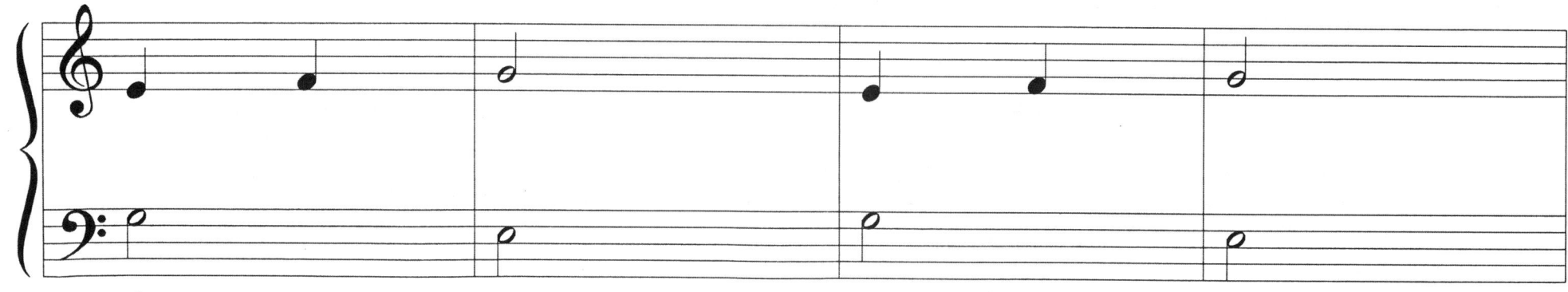

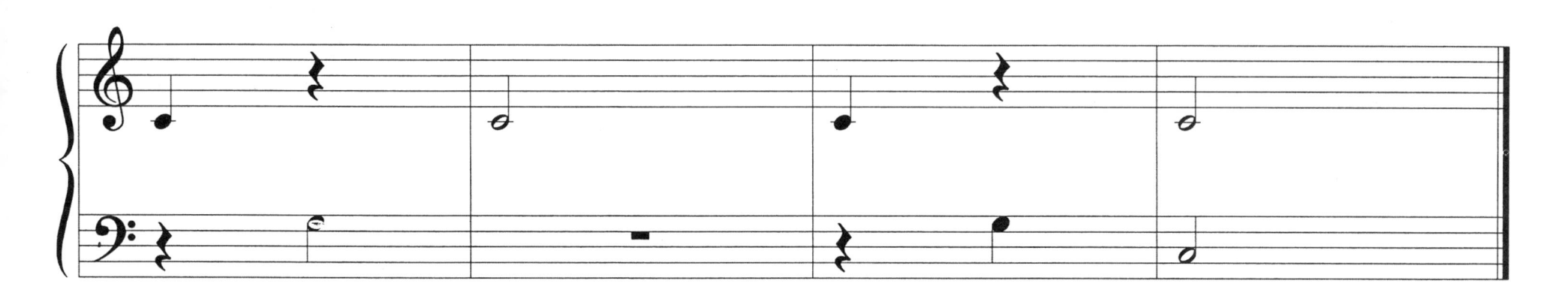

Rhythm Stop

O Que Estamos Aprendendo

Localização das notas na pauta e no teclado

mão direita

mão esquerda

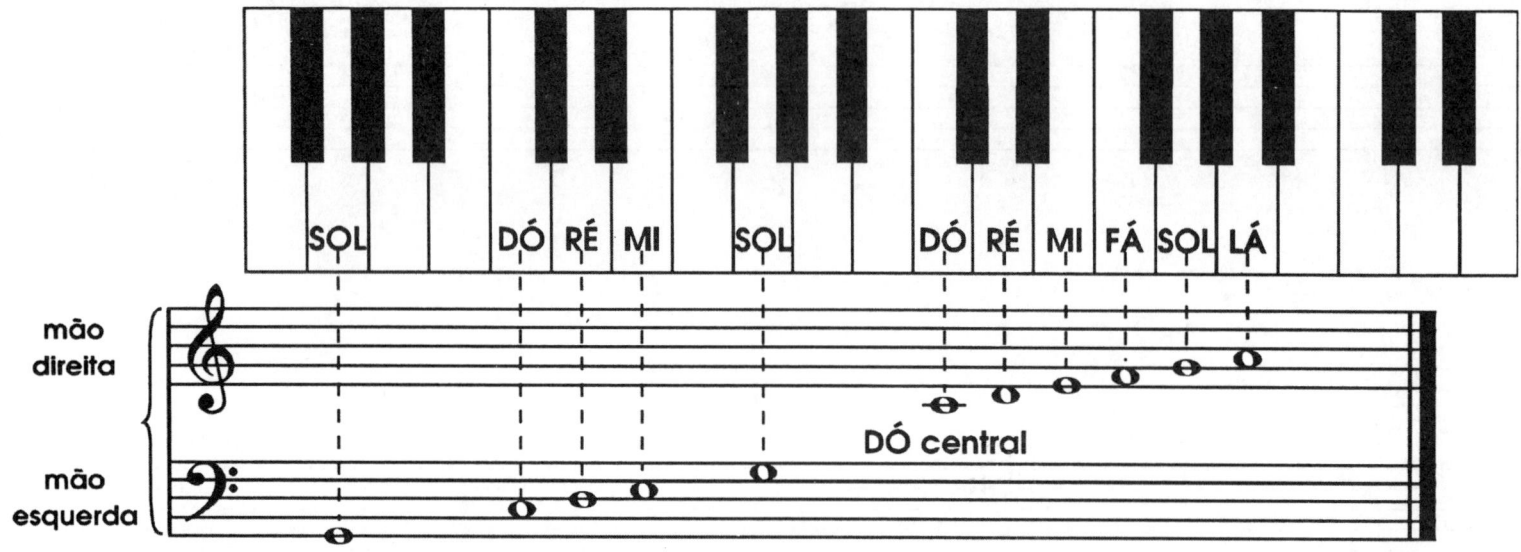

DÓ central

Figuras Musicais

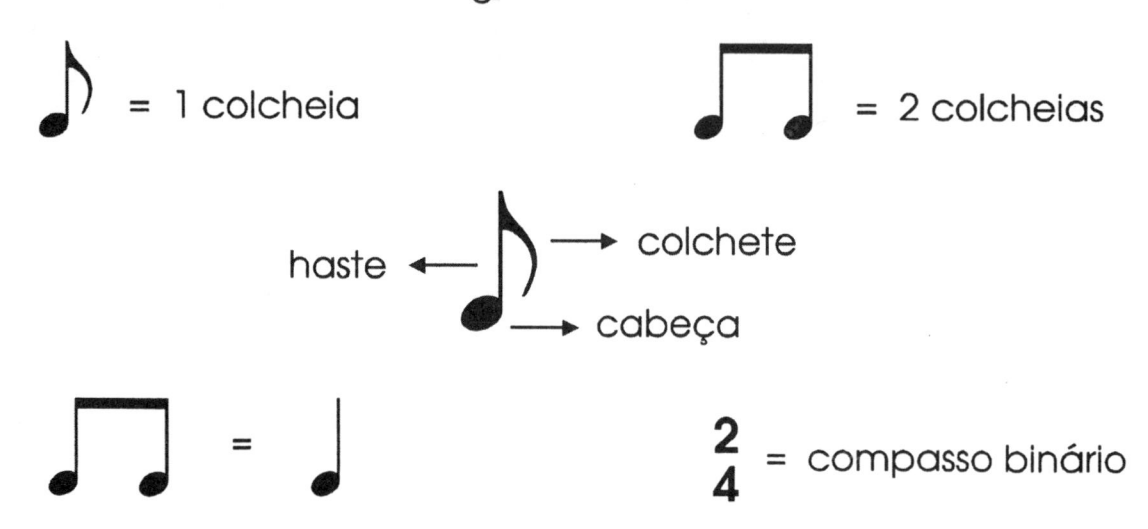

♪ = 1 colcheia

♫ = 2 colcheias

haste ← ♪ → colchete
→ cabeça

♫ = ♩

$\frac{2}{4}$ = compasso binário

38

Exercícios de Fixação

1) Escreva o nome das notas musicais:

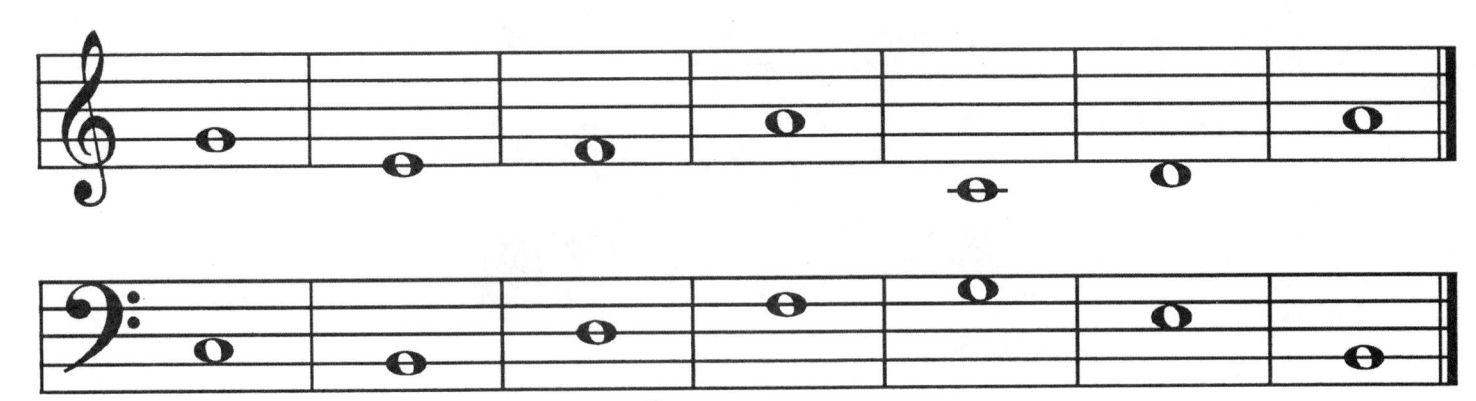

2) Divida em compassos:

3) Bata palmas:

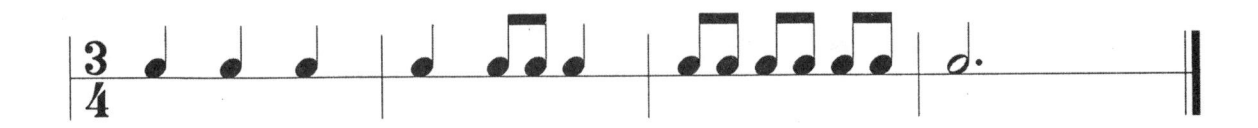

39

Lição 7 - INVERNO ADEUS

(Tradicional Alemã)

Synchro Start

Registração
melodia: oboé
ritmo: valsa (waltz)
acompanhamento: normal

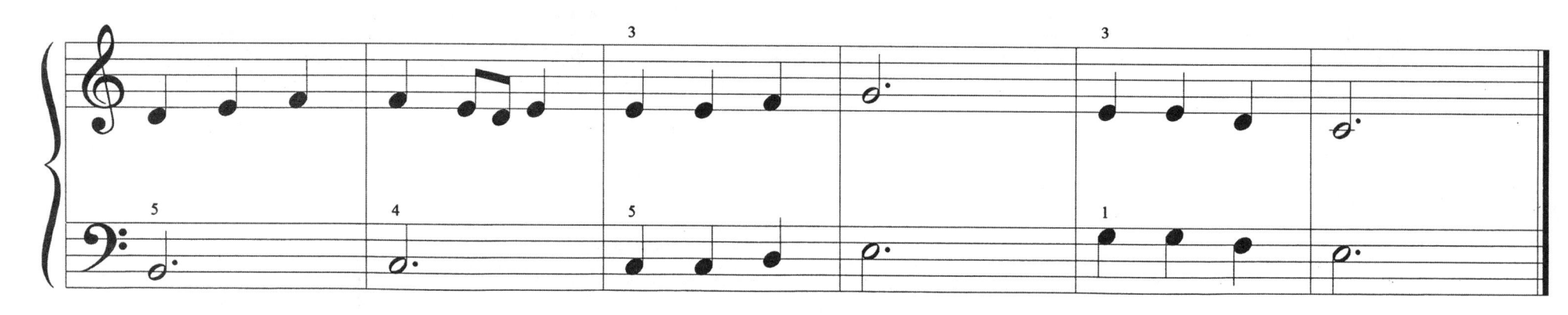

Ending

O Que Estamos Aprendendo

Localização das notas na pauta e no teclado

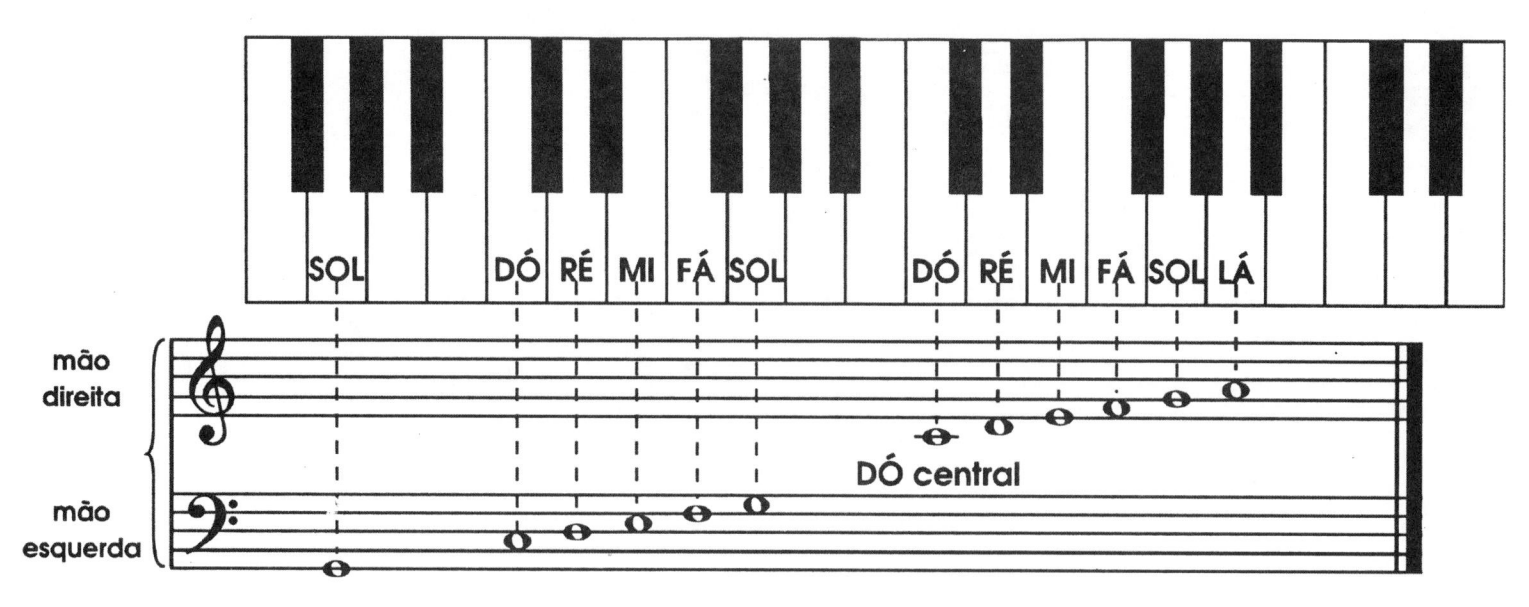

Quadro Comparativo dos Valores

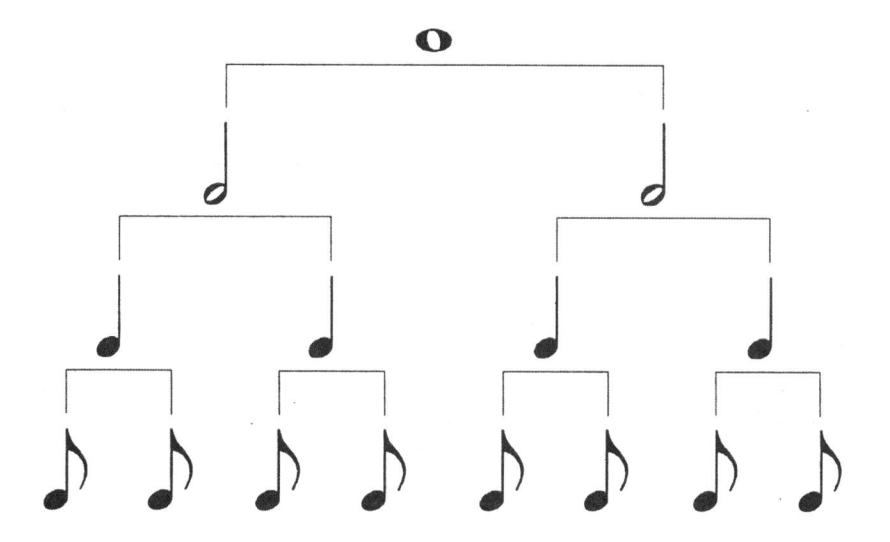

Exercícios de Fixação

1) Complete os compassos:

2) Escreva o nome das notas musicais:

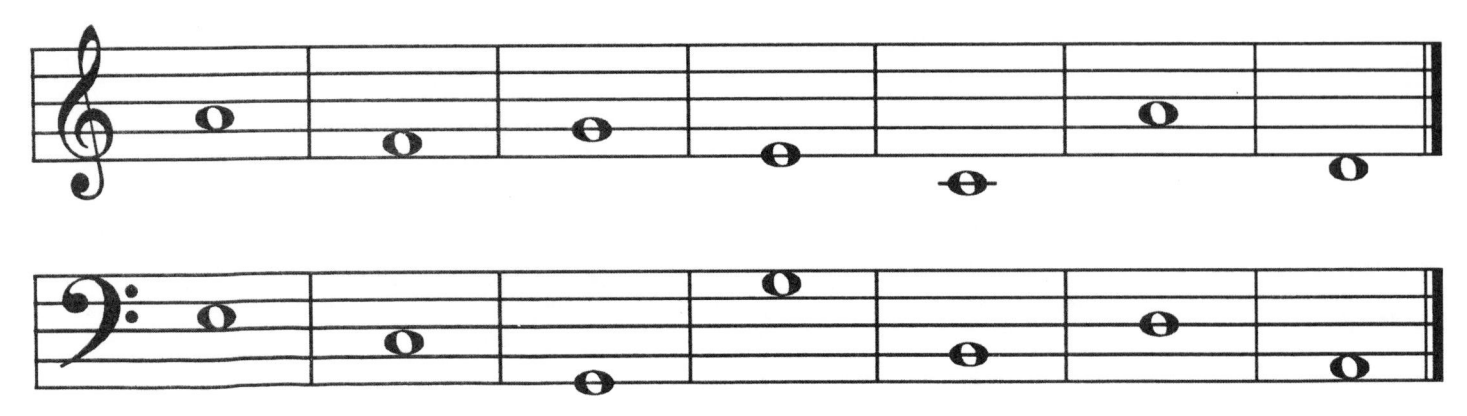

Exercícios Práticos Para Mão Direita

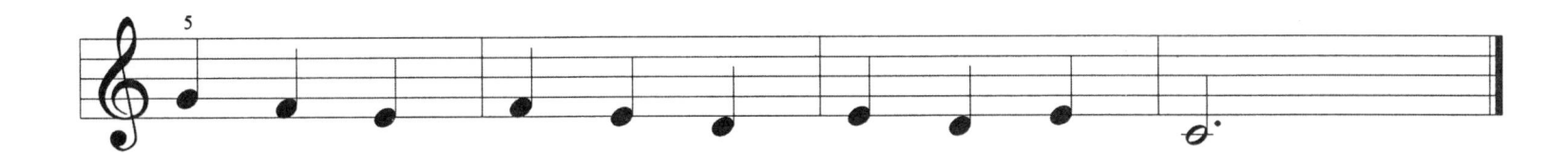

Exercícios Práticos Para Mão Esquerda

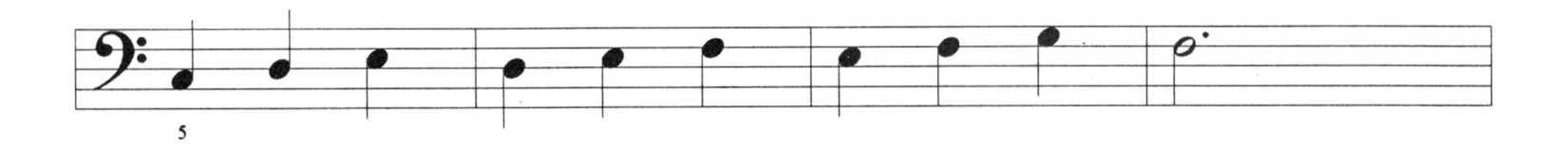

Lição 8 - DE MARRÉ

(Tradicional Brasileira)

Registração
melodia: piano
ritmo: marcha
acompanhamento: normal

O Que Estamos Aprendendo

Acordes - Três notas simultâneas.
Os acordes podem ser indicados por cifras ou escritos em clave de fá.

Acorde C

SOL   DÓ   MI
5   2   1

Acorde G

SOL   SI   RÉ
5   3   1

Anacruse - é como chamamos o primeiro compasso de uma música, quando está incompleto.

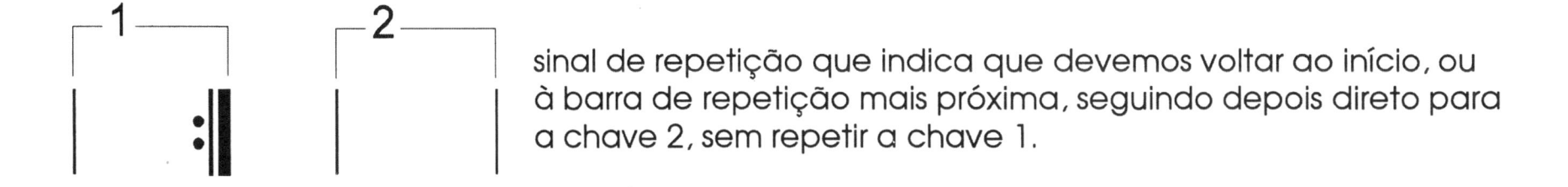

sinal de repetição que indica que devemos voltar ao início, ou à barra de repetição mais próxima, seguindo depois direto para a chave 2, sem repetir a chave 1.

Exercícios de Fixação

1) Pinte as notas do acorde **C** de vermelho:

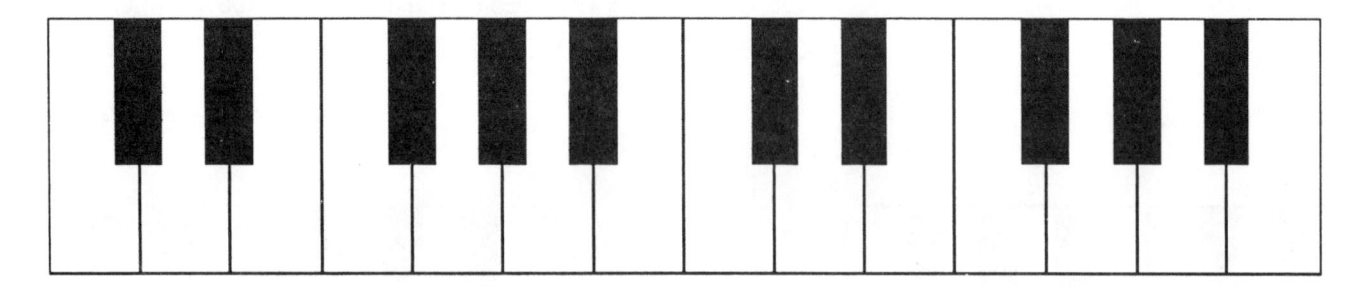

2) Pinte as notas do acorde **G** de azul:

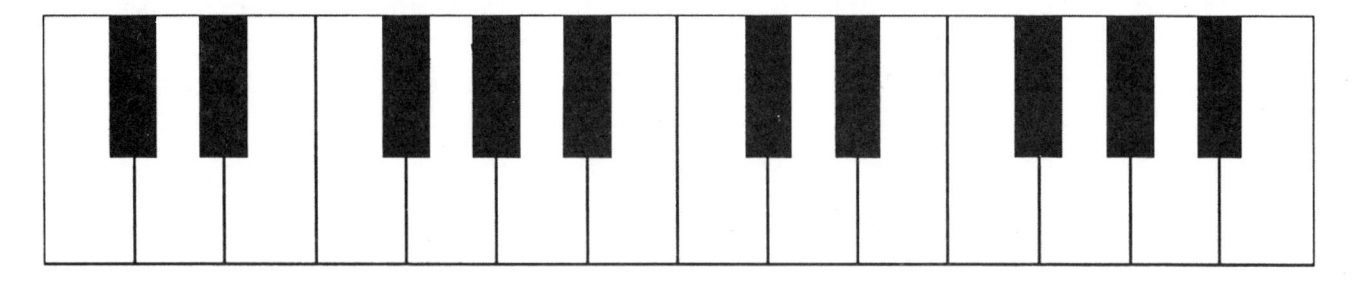

3) Desenhe as notas dos acordes **C** e **G** em clave de fá:

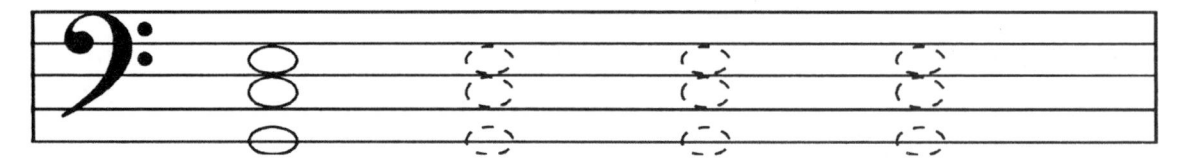

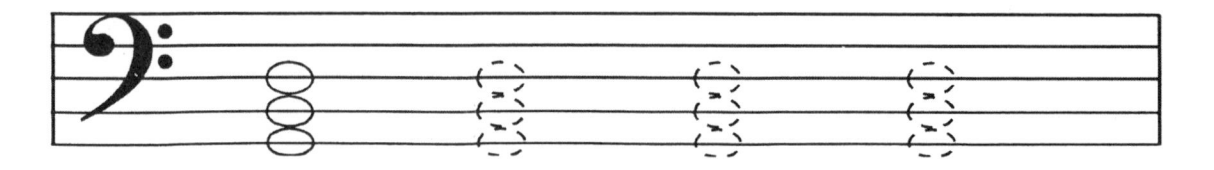

46

4) Bata palmas seguindo a sequência rítmica:

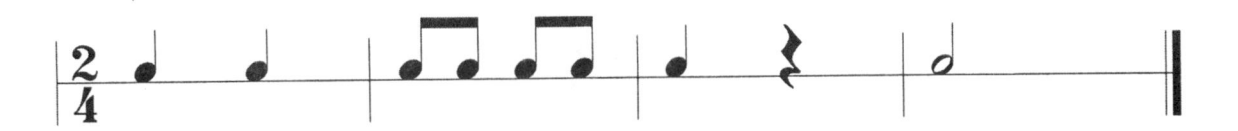

5) Pinte os quadradinhos de acordo com o valor das figuras musicais:

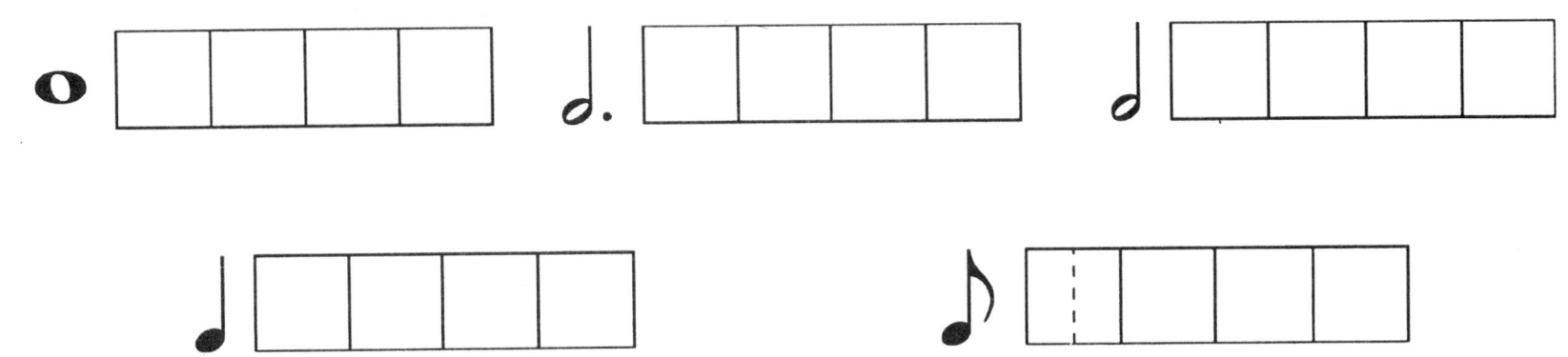

6) Divida em compassos:

47

Lição 9 - O PASTORZINHO

(Tradicional Brasileira)

Registração
melodia: piano elétrico
ritmo: marcha
acompanhamento: normal

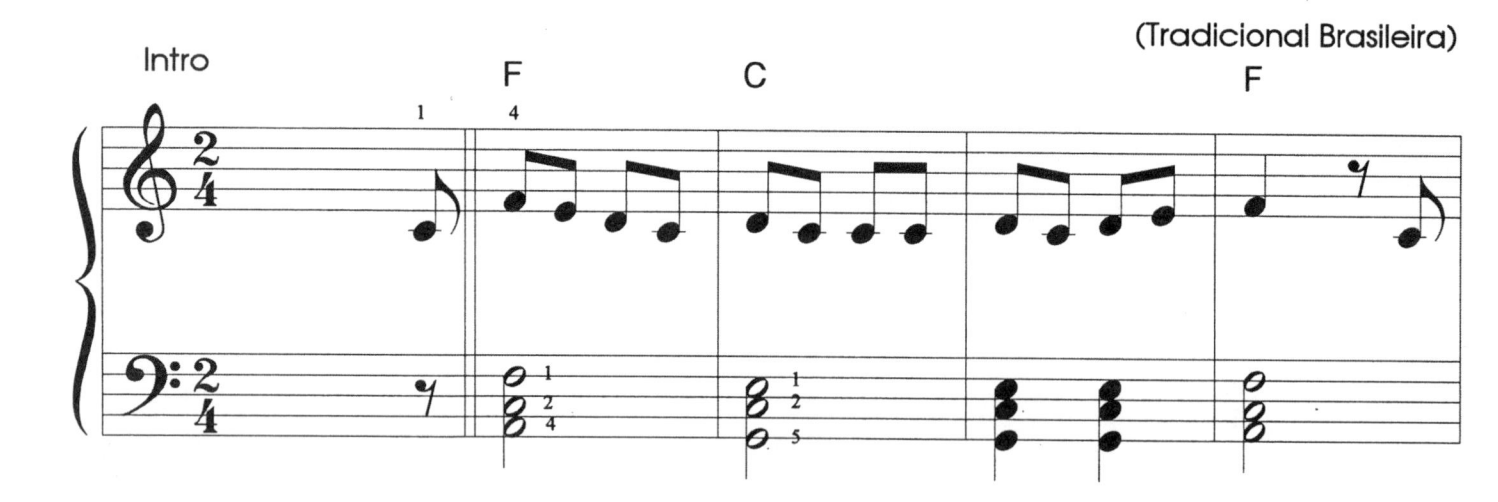

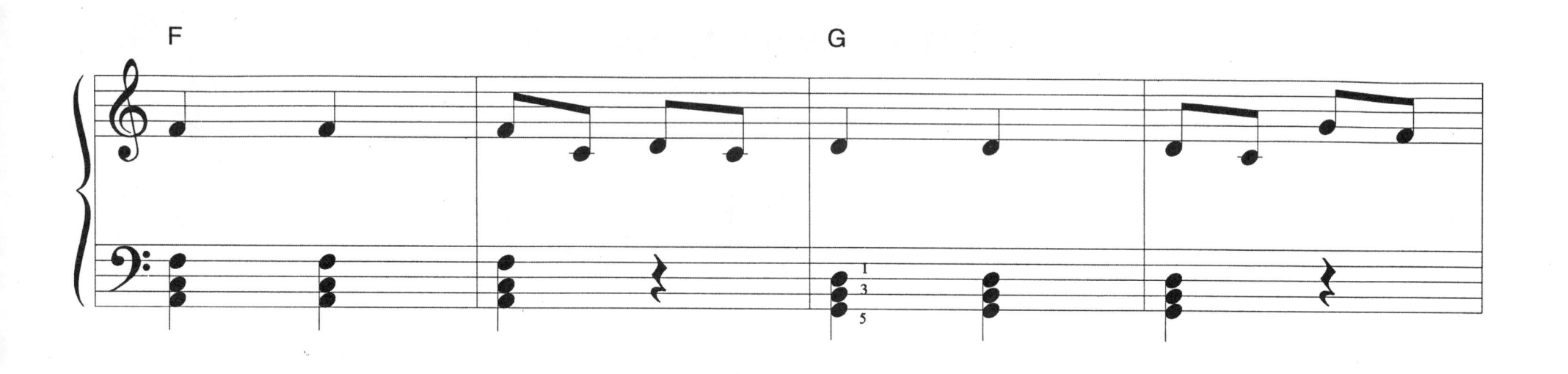

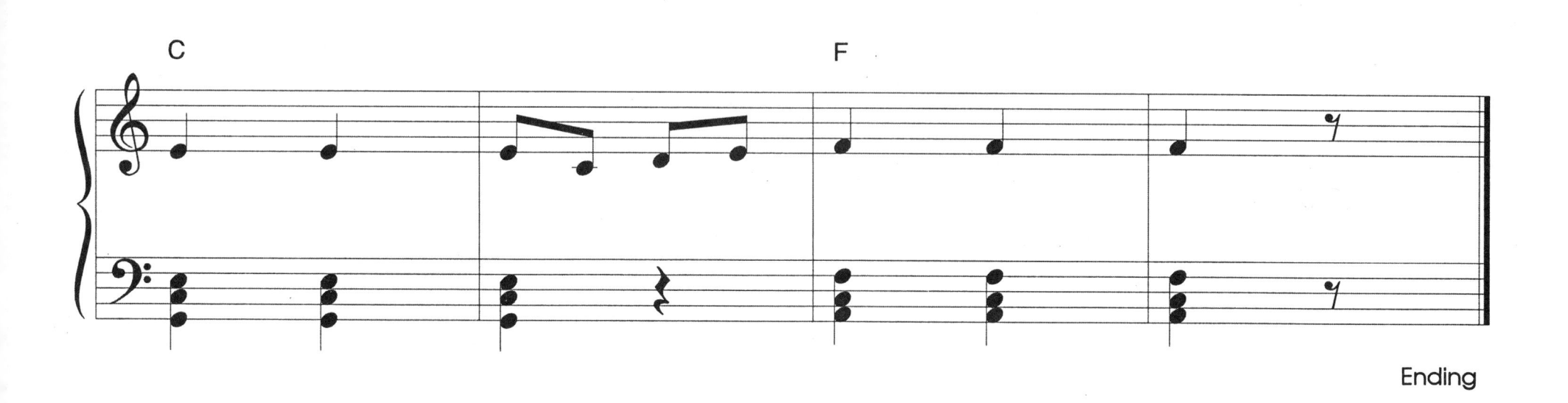

Ending

O Que Estamos Aprendendo

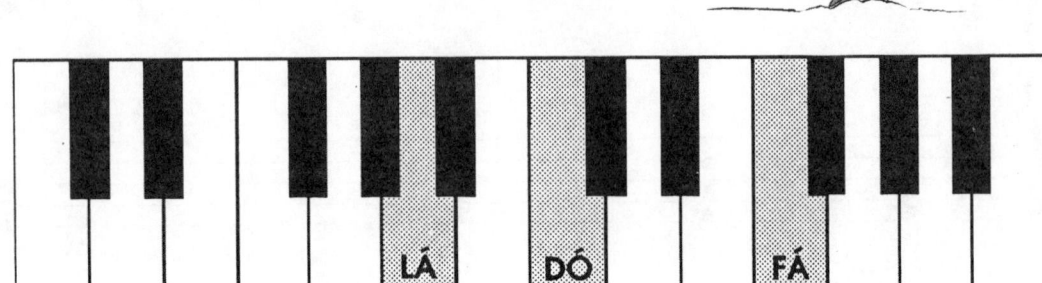

Acorde F

Intro - introdução automática

Cifrado Universal

A=LÁ   B=SI   C=DÓ   D=Ré   E=MI   F=FÁ   G=SOL

Acordes Cifrados

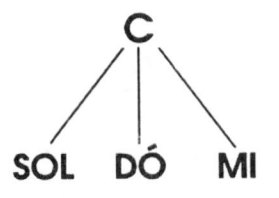

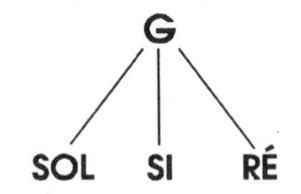

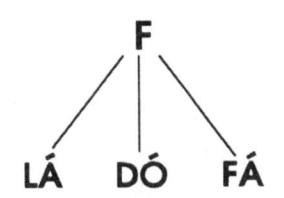

C: SOL DÓ MI

G: SOL SI RÉ

F: LÁ DÓ FÁ

As Figuras Musicais e Suas Pausas

o — semibreve — ▬

♩ — mínima — ▬

♩ — semínima — 𝄽

♪ — colcheia — 𝄾

Exercícios de Fixação

1) Desenhe os acordes em clave de fá:

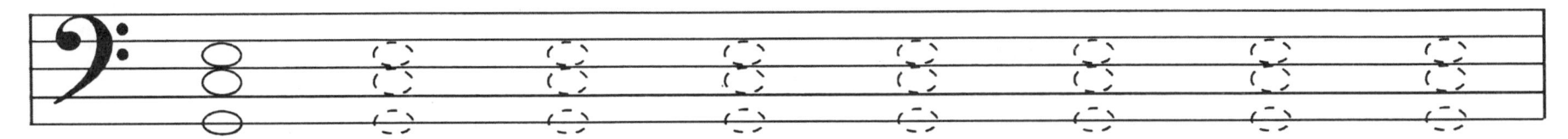

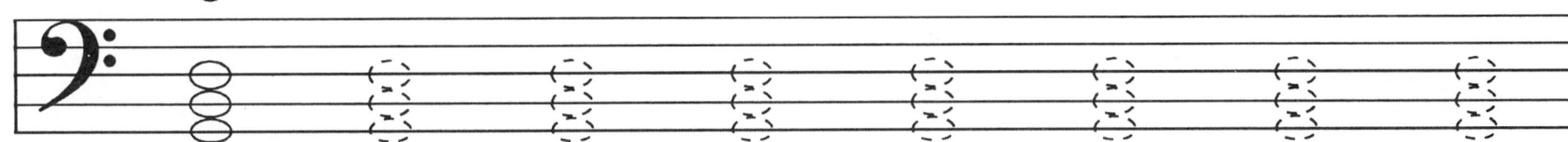

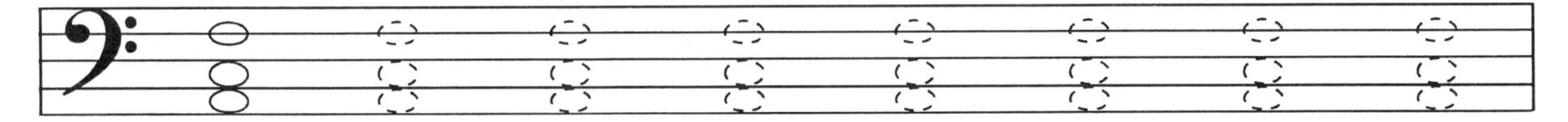

2) Complete os compassos:

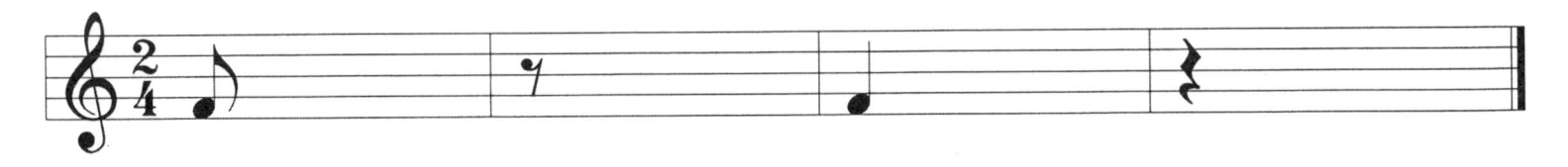

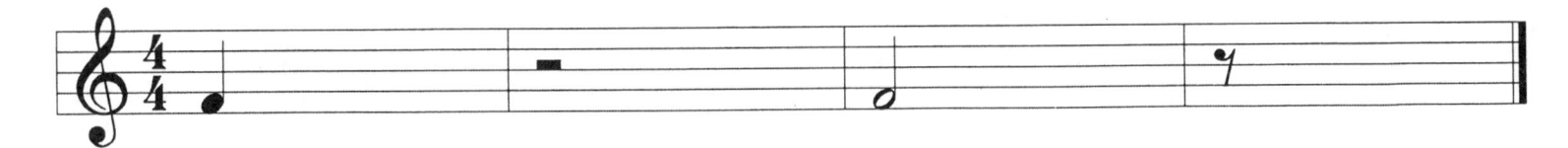

Lição 10 - ATIREI O PAU NO GATO

(Tradicional Brasileira)

Registração
melodia: órgão eletrônico
ritmo: swing, bounce ou shuffle
acompanhamento: normal

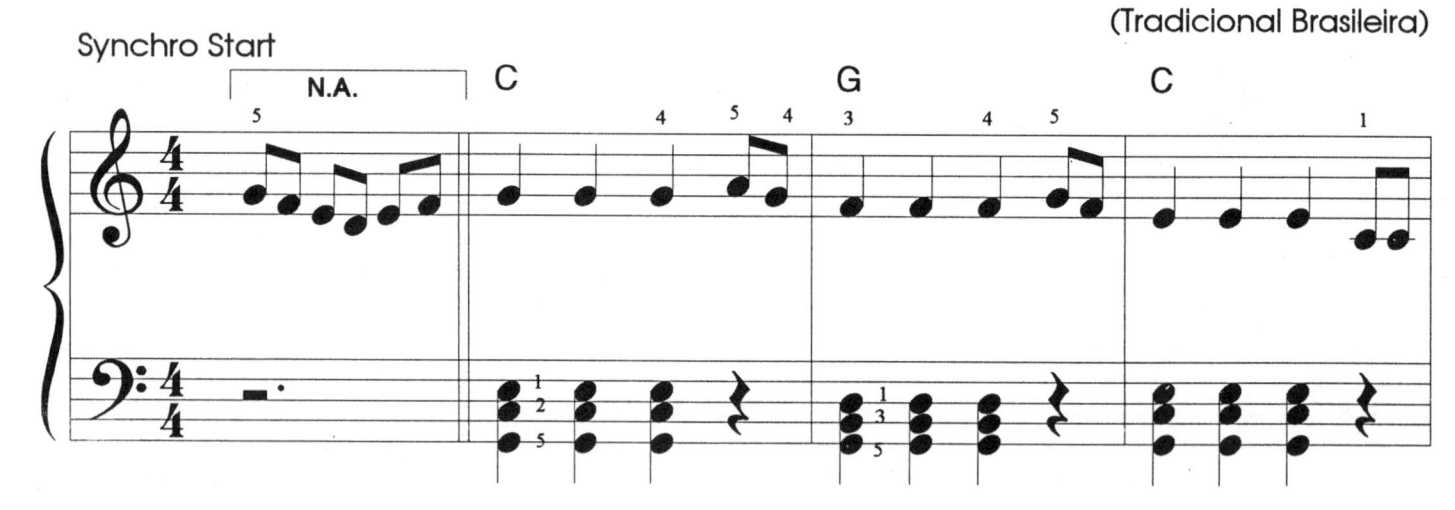

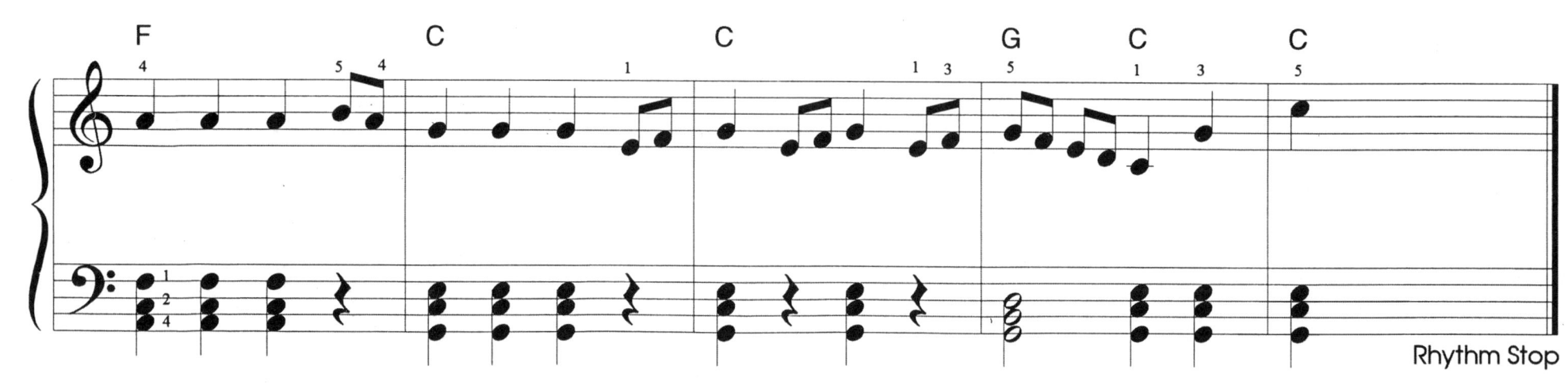

O Que Estamos Aprendendo

Localização das notas na pauta e no teclado

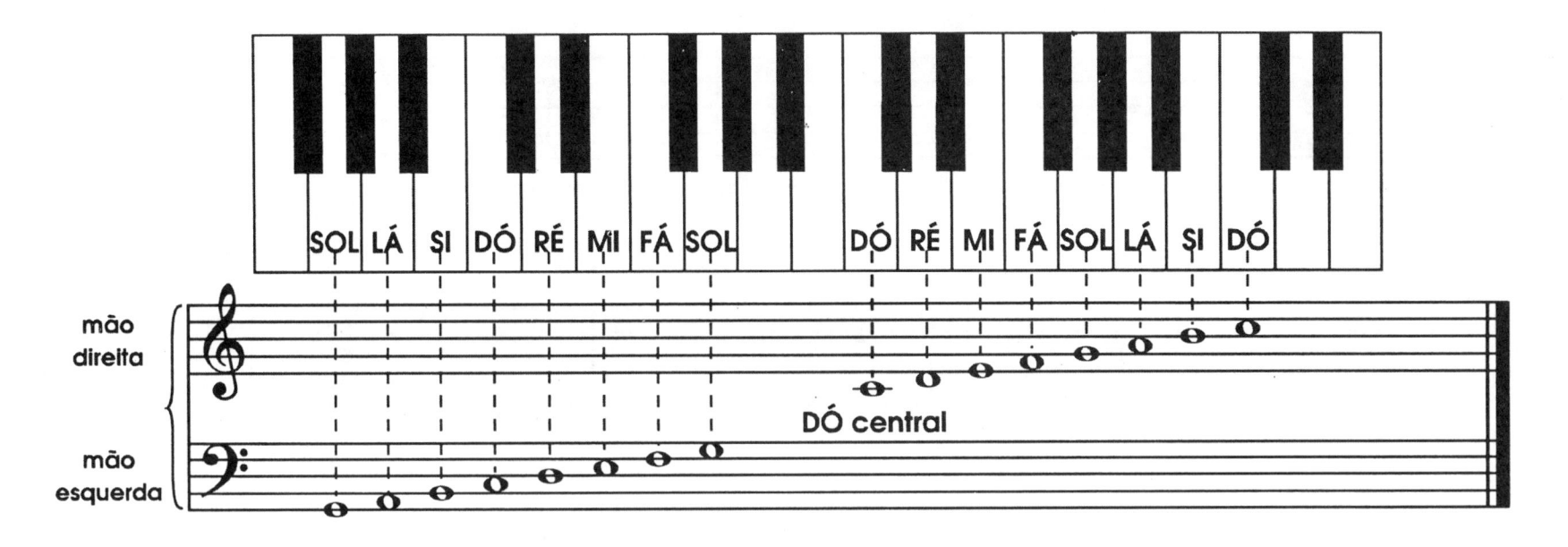

mão direita

mão esquerda

DÓ central

SOL LÁ SI DÓ RÉ MI FÁ SOL   DÓ RÉ MI FÁ SOL LÁ SI DÓ

⌐ N.A. ¬   ou   ⌐ tacet ¬ - nenhum acompanhamento neste trecho.

53

Exercícios de Fixação

1) Escreva o nome das notas musicais:

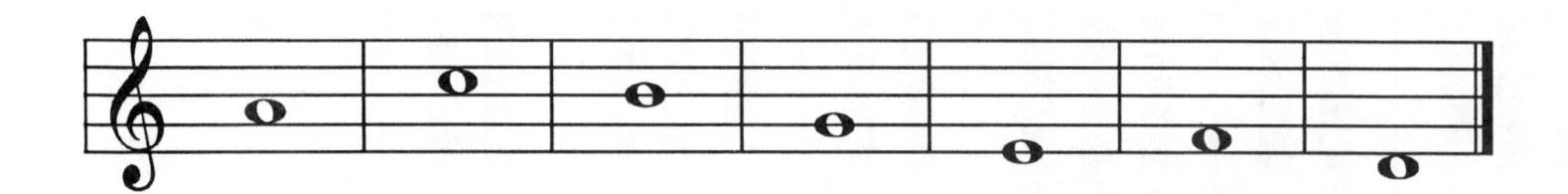

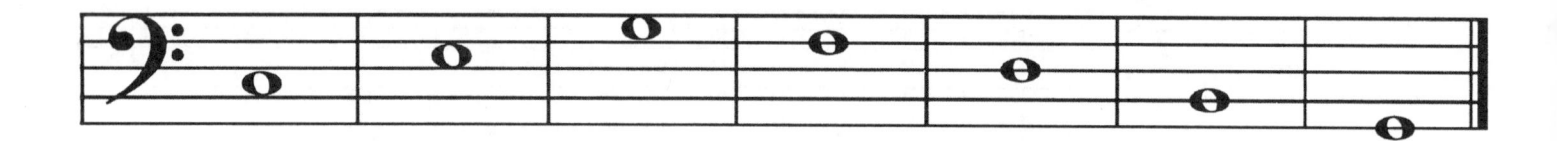

2) Desenhe as notas musicais que você aprendeu:

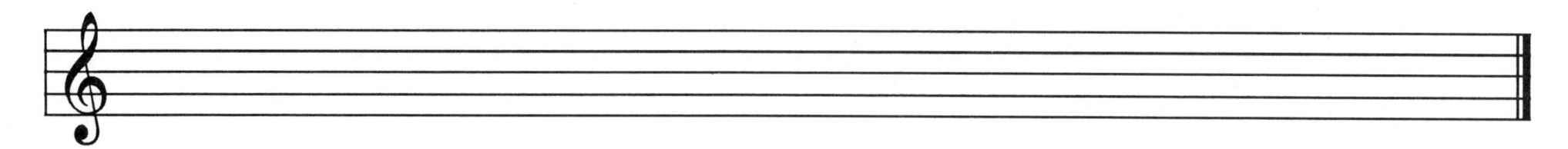

3) Divida em compassos:

4) Faça a ligação:

semibreve	♩	pausa da semibreve	𝄽
mínima	o	pausa da mínima	—
semínima	♪	pausa da semínima	𝄾
colcheia	♩	pausa da colcheia	—

Lição 11 - OH! SUSANA

(Tradicional Americana)

Registração
melodia: banjo
ritmo: country
acompanhamento: fingered

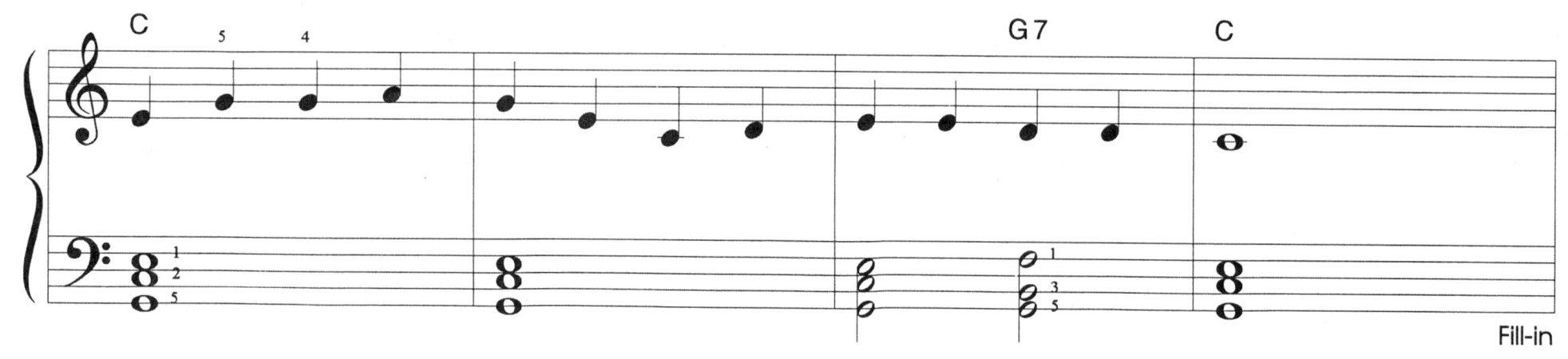

Synchro Start

Fill-in

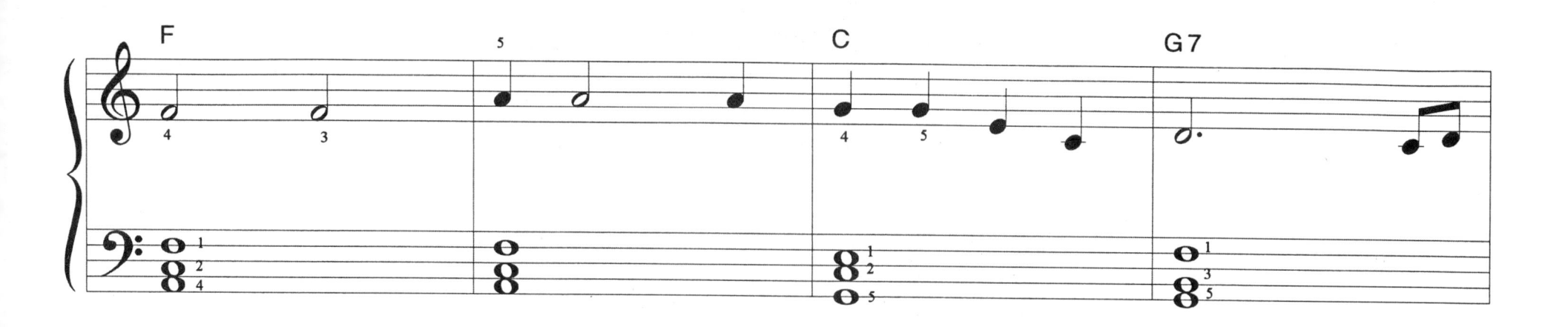

Ending

O Que Estamos Aprendendo

Acorde G7

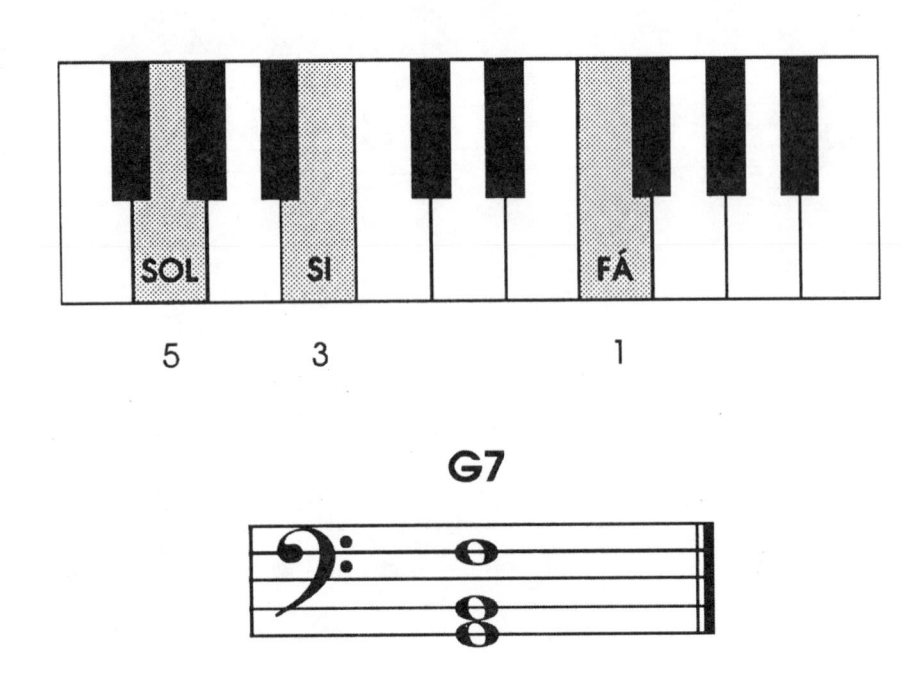

SOL SI FÁ

5　3　　1

G7

Fingered - Acompanhamento automático no qual tocamos as três notas do acorde.

Exercícios de Fixação

1) Desenhe as notas musicais:

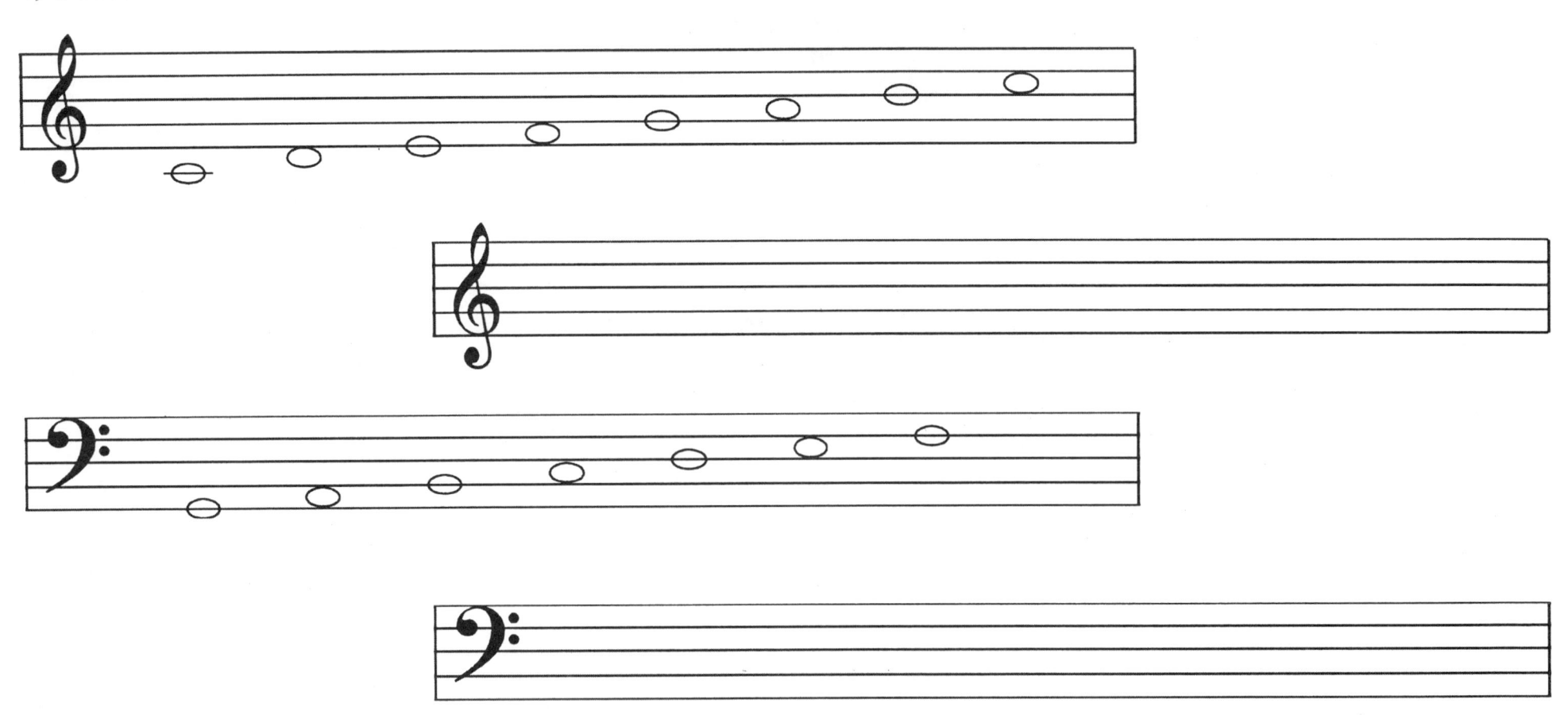

2) Desenhe os acordes em clave de fá:

| C | F | G | G7 |

Lição 12 - O CRAVO E A ROSA

(Tradicional Brasileira)

Registração
melodia: violino
ritmo: valsa
acompanhamento: fingered

O Que Estamos Aprendendo

Localização das notas na pauta e no teclado

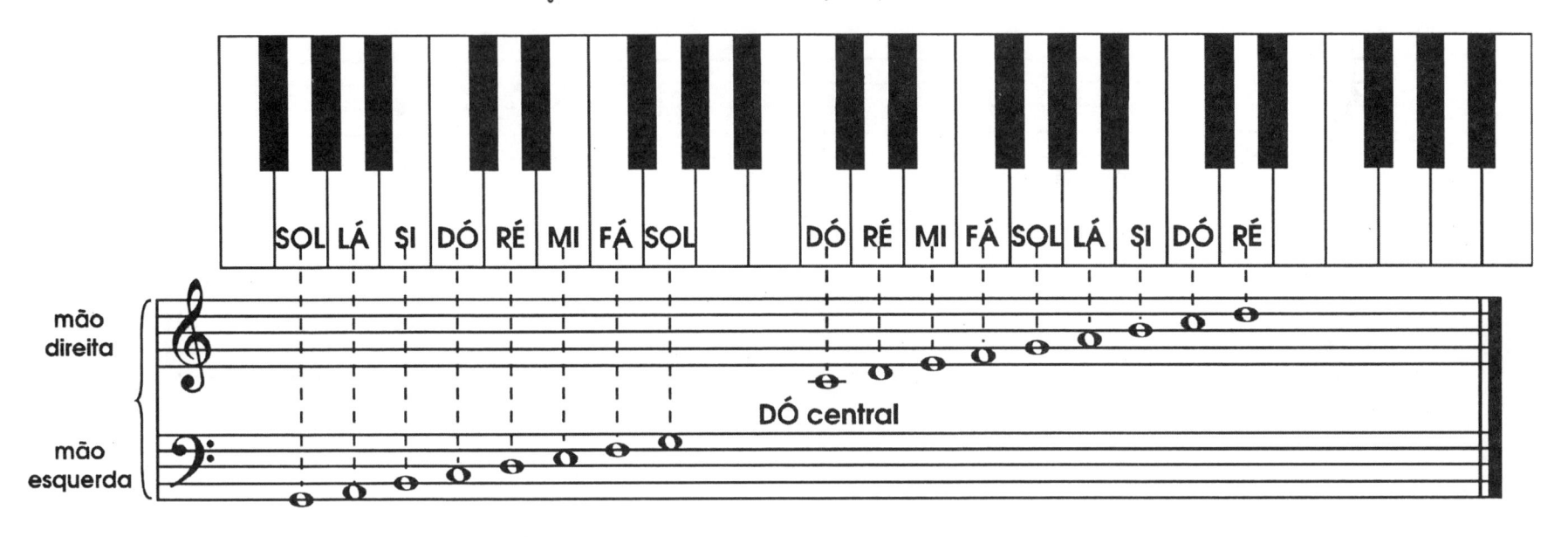

mão direita

mão esquerda

DÓ central

Acorde G7

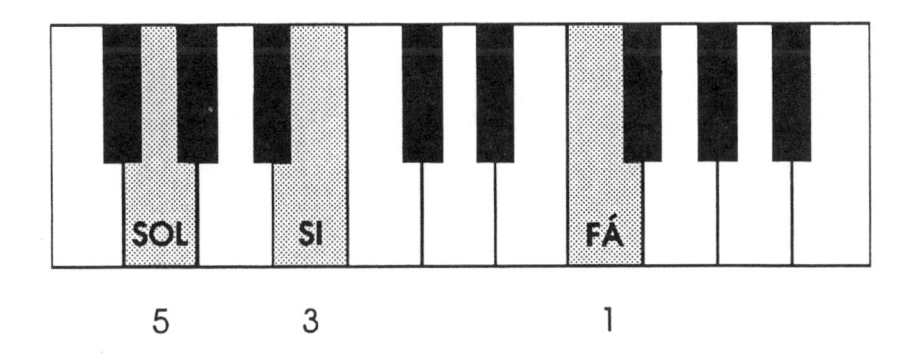

SOL SI FÁ

5   3   1

Exercícios de Fixação

1) Escreva o nome das notas musicais:

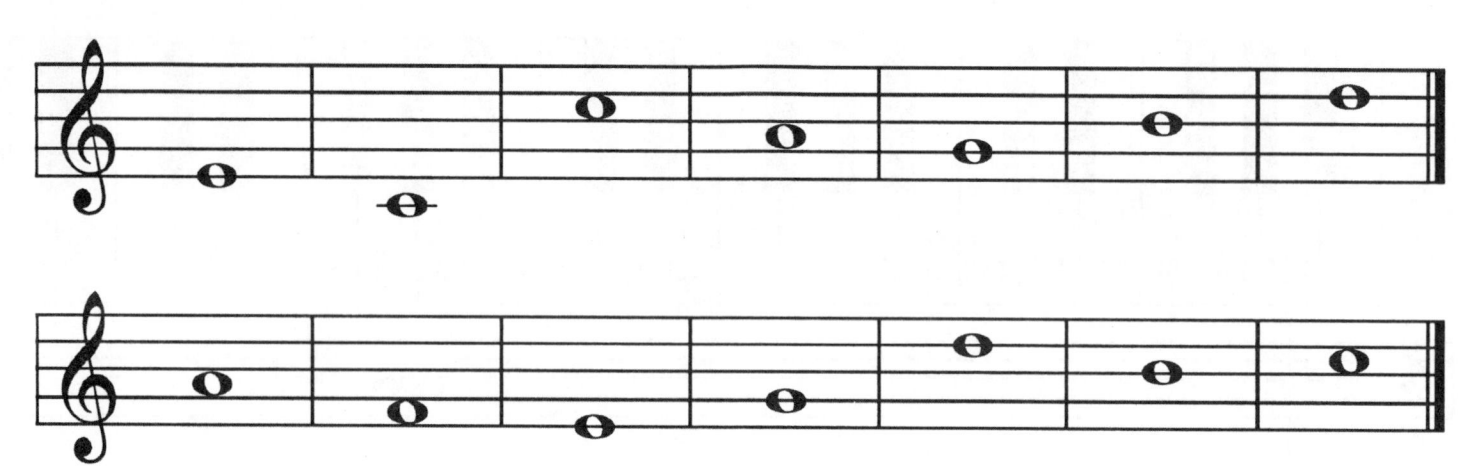

2) Divida em compassos:

3) Identifique os acordes:

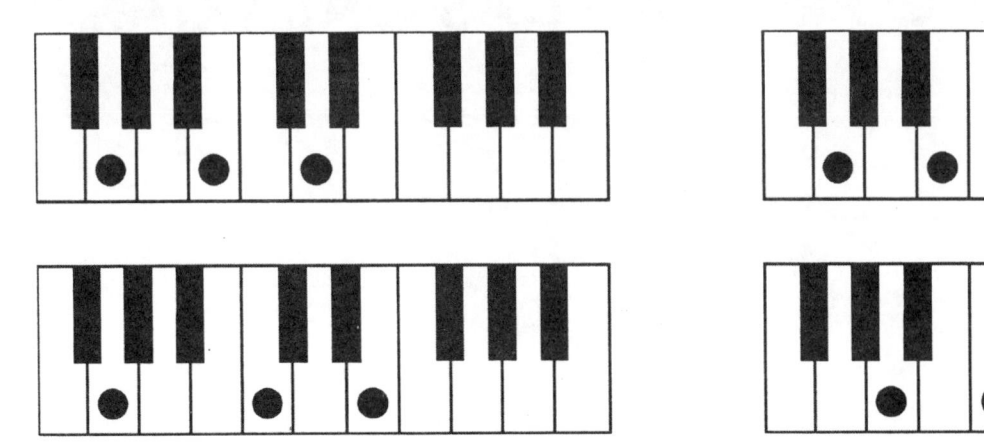

4) Bata palmas seguindo a sequência rítmica:

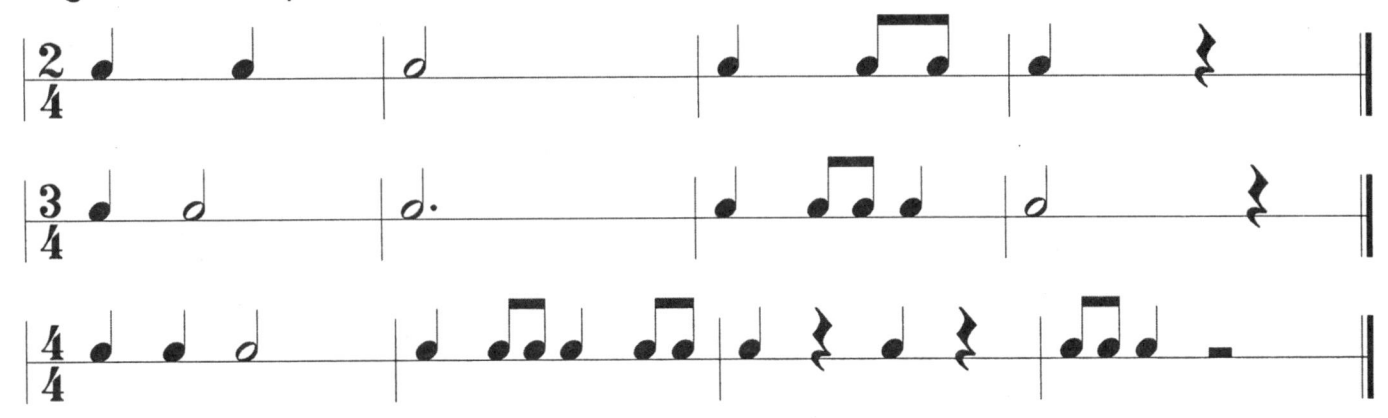

5) Faça a ligação:

        Pauta   silêncio

        Pausa   sinal que dá nome às notas

        Anacruse   onde escrevemos as notas musicais

        Clave   compasso incompleto

Lição 13 - O PRÍNCIPE DAS GALÁXIAS

(Cristine Prado)

Registração
melodia: strings (cordas)
ritmo: disco
acompanhamento: fingered

O Que Estamos Aprendendo

Localização das notas na pauta e no teclado

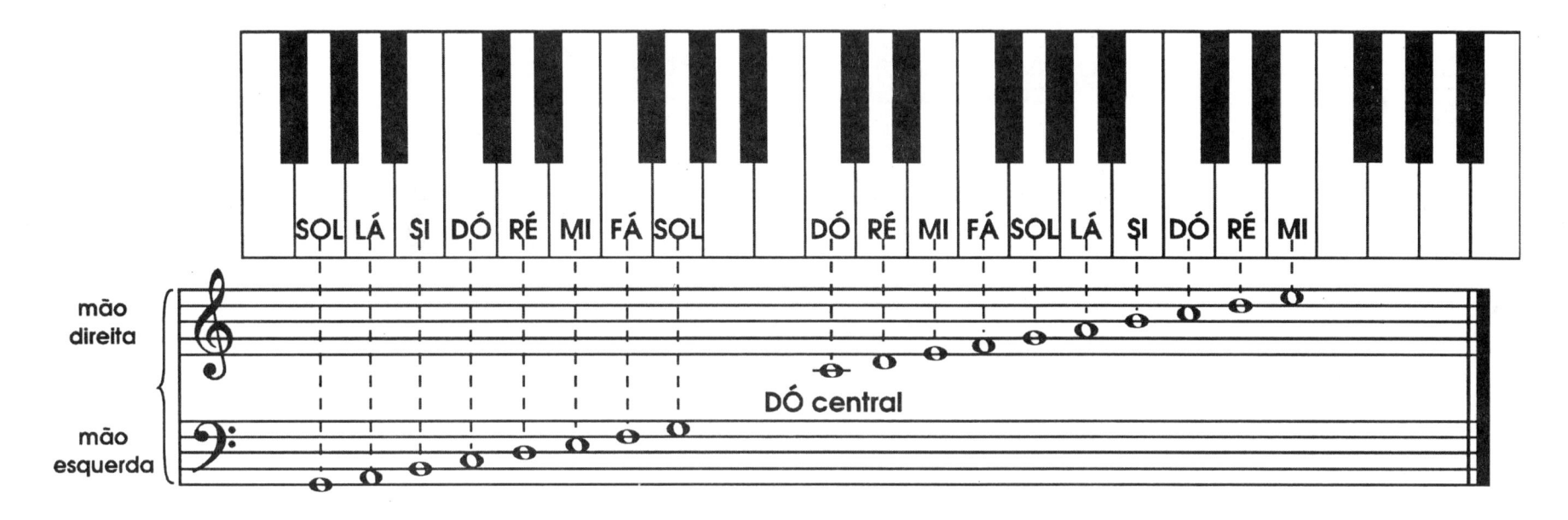

Sinais de Alteração ou Acidentes

bemol - abaixa um semitom (tocar próxima tecla à esquerda)
sustenido - aumenta um semitom (tocar próxima tecla à direita)
bequadro - cancela o efeito tanto do bemol, como do sustenido

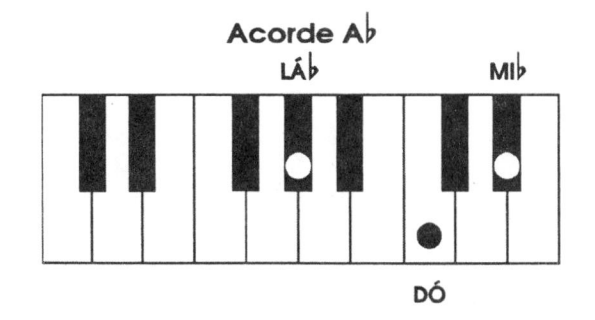

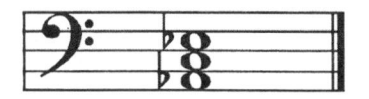

Acorde A♭

Exercícios de Fixação

1) Assinale, no teclado, a localização das seguintes notas:

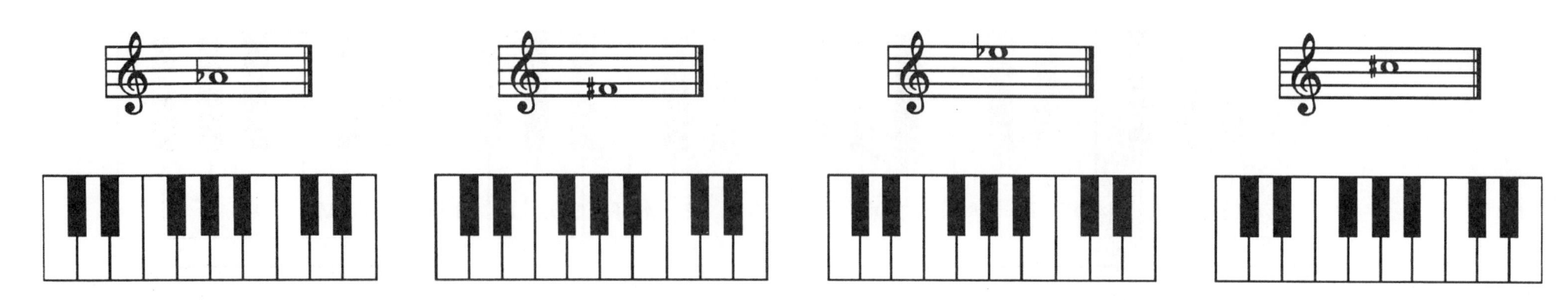

2) Faça a ligação:

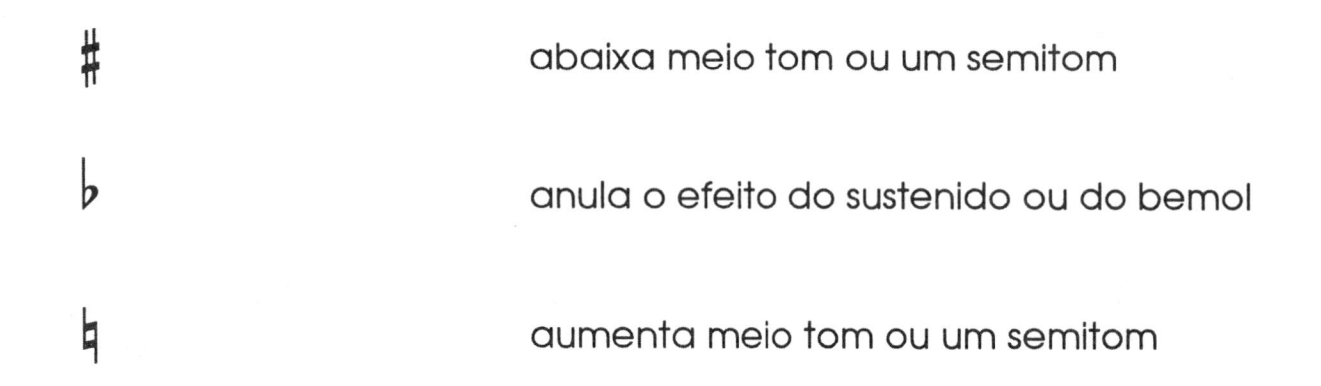

♯   abaixa meio tom ou um semitom

♭   anula o efeito do sustenido ou do bemol

♮   aumenta meio tom ou um semitom

3) Assinale as teclas do acorde A♭:

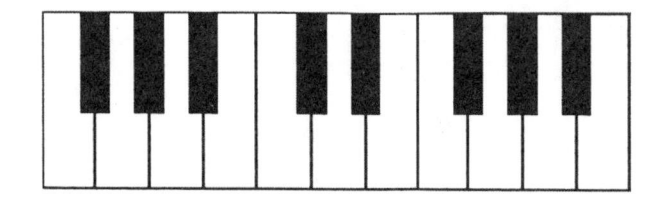

4) Desenhe os sinais de alteração ou acidentes:

Sustenido

Bemol

Bequadro

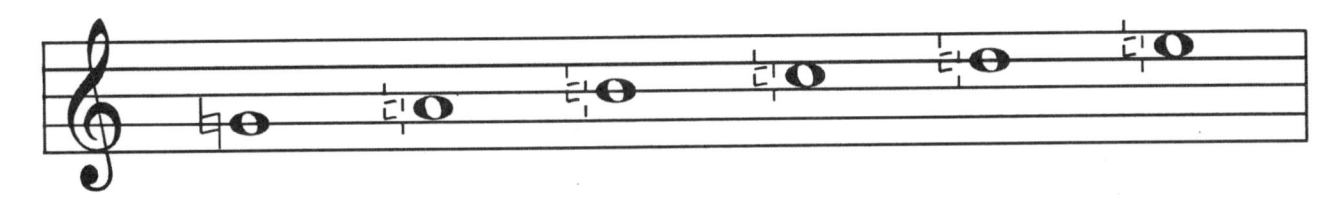

5) Escreva o nome das notas musicais:

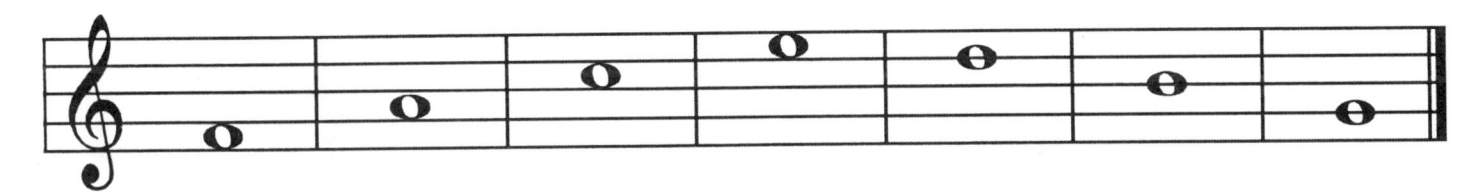

Lição 14 - JARRINHA MARROM

(Tradicional Americana)

Registração
melodia: trompete, trombone ou brass ensemble
ritmo: boogie woogie, big band ou swing
acompanhamento: normal/fingered

Synchro Start

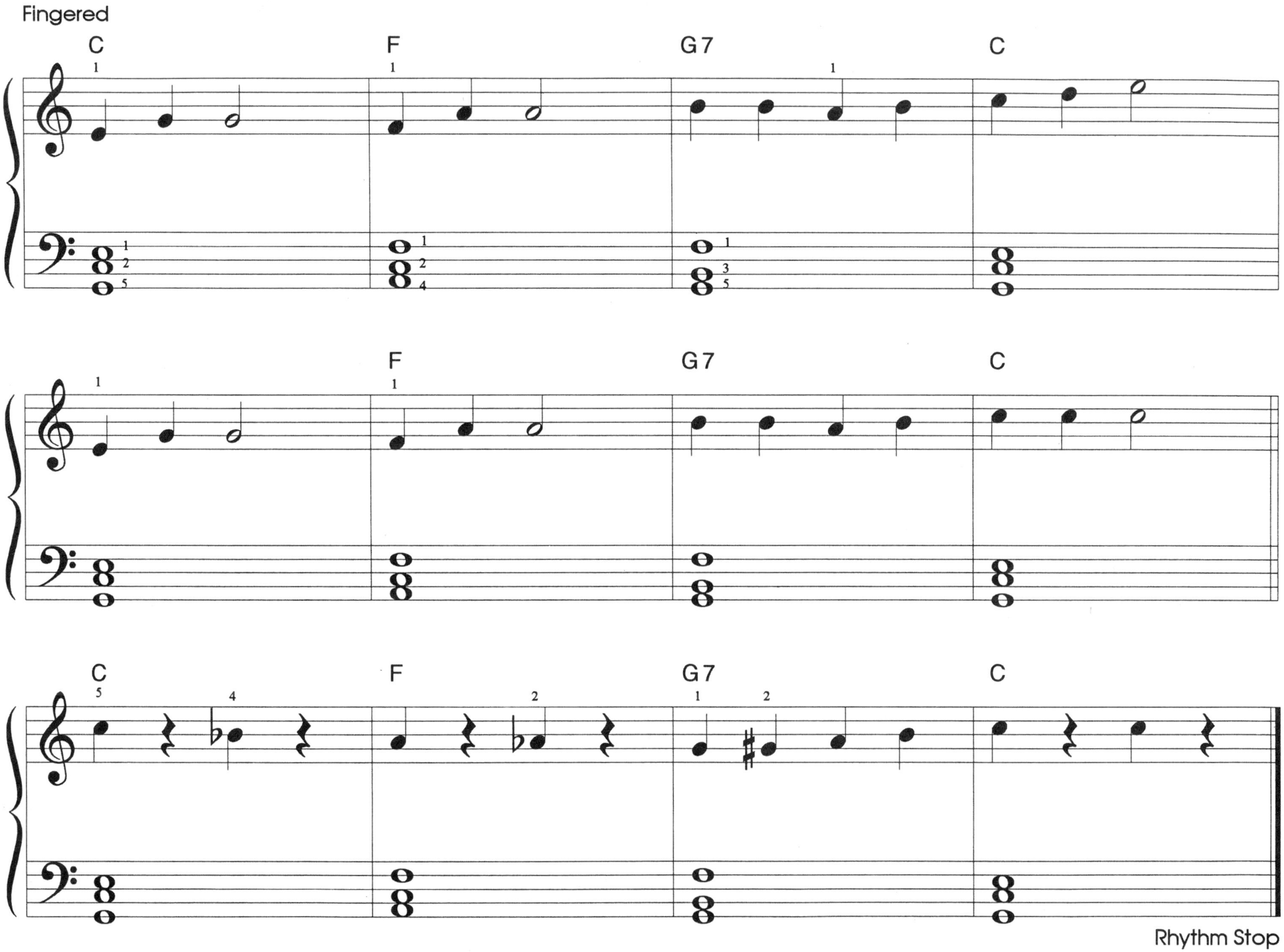
Fingered
C
F
G7
C
F
G7
C
C
F
G7
C
Rhythm Stop

O Que Estamos Aprendendo

Glissando - indica que devemos "deslizar" pelo teclado até a nota indicada.

Normal/fingered - indica que devemos inicar a música com acompanhamento na posição **Normal**, e depois trocar para a posição **Fingered** no trecho indicado.

Exercícios de Fixação

1) Escreva o nome das notas musicais:

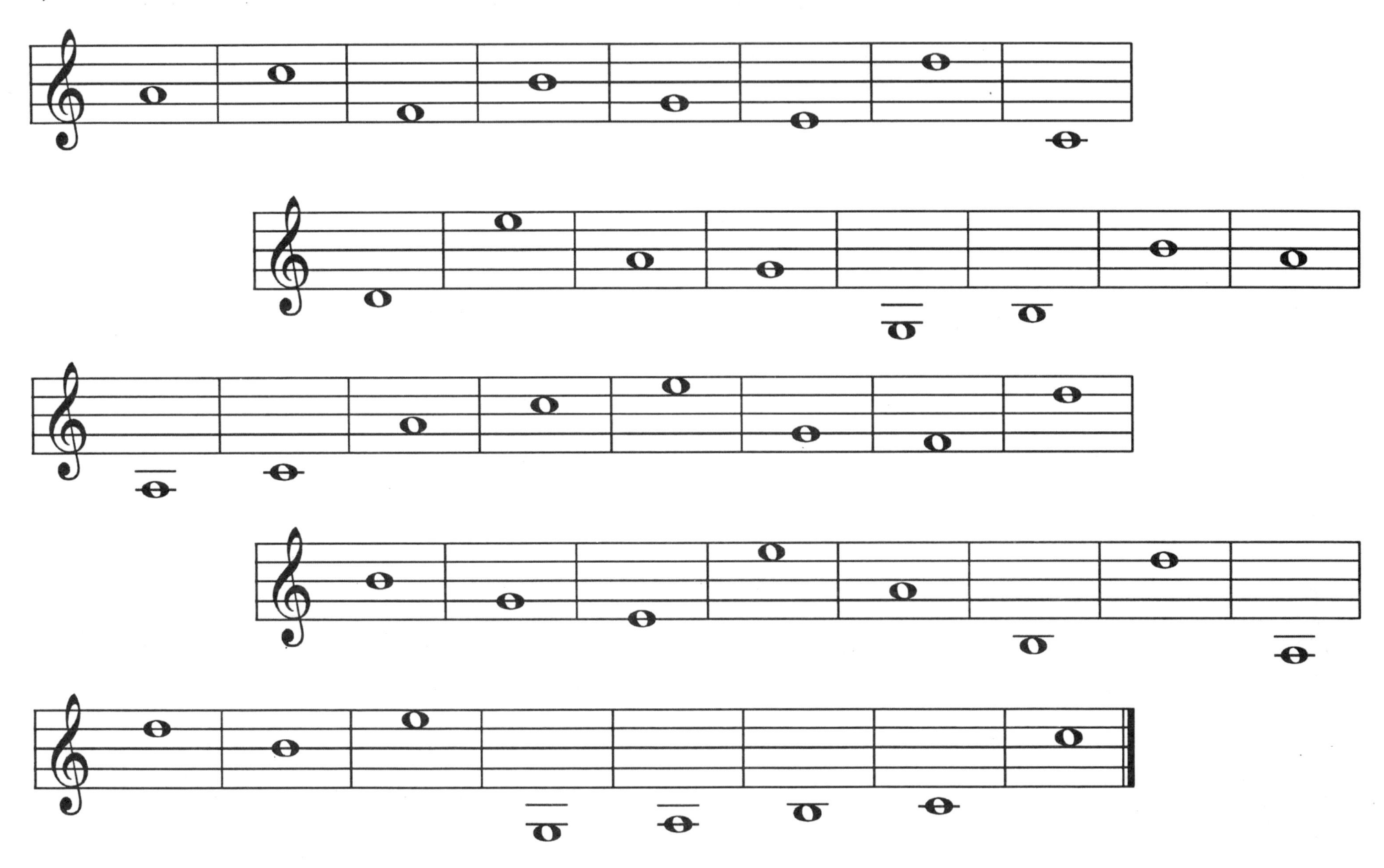

Lição 15 - AMOR (Fragmento)

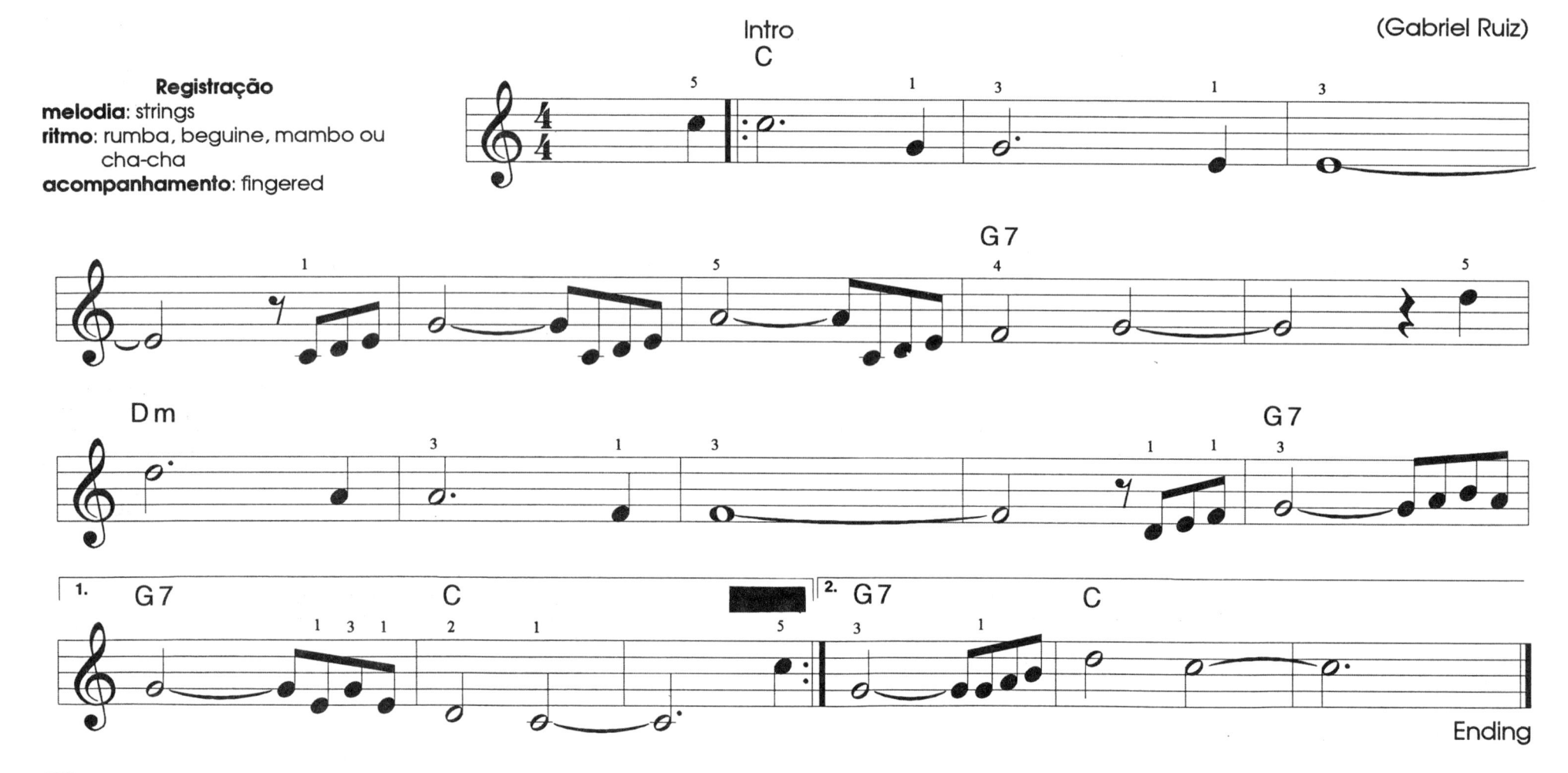

(Gabriel Ruiz)

Registração
melodia: strings
ritmo: rumba, beguine, mambo ou cha-cha
acompanhamento: fingered

O Que Estamos Aprendendo

Acorde Dm

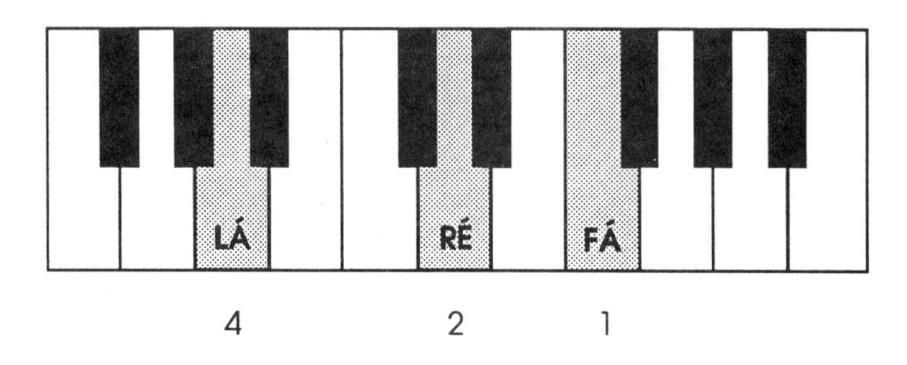

LÁ RÉ FÁ
4   2   1

Dm

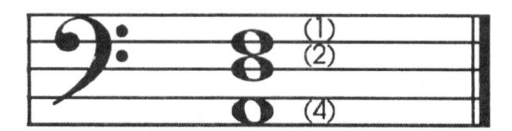

Ligadura - sinal em forma de arco, que une as notas.

Exercícios de Fixação

1) Identifique os acordes:

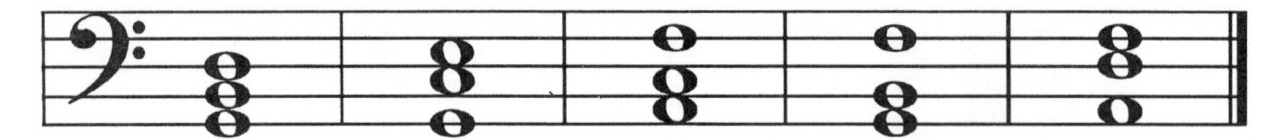

2) Faça a ligação:

Compasso	sinal em forma de arco, que une as notas
Ligadura	compasso incompleto
Anacruse	divisão da música em partes iguais
Pauta ou Pentagrama	silêncio
Pausa	conjunto de 5 linhas e 4 espaços, onde escrevemos as notas musicais
Figuras musicais	símbolos que alteram o som natural das notas
Sinais de alteração ou acidentes	símbolos que indicam a duração das notas

3) Divida em compassos:

4) Desenhe as notas musicais que aprendemos até agora:

Lição 16 - AQUARELA DO BRASIL (Fragmento)

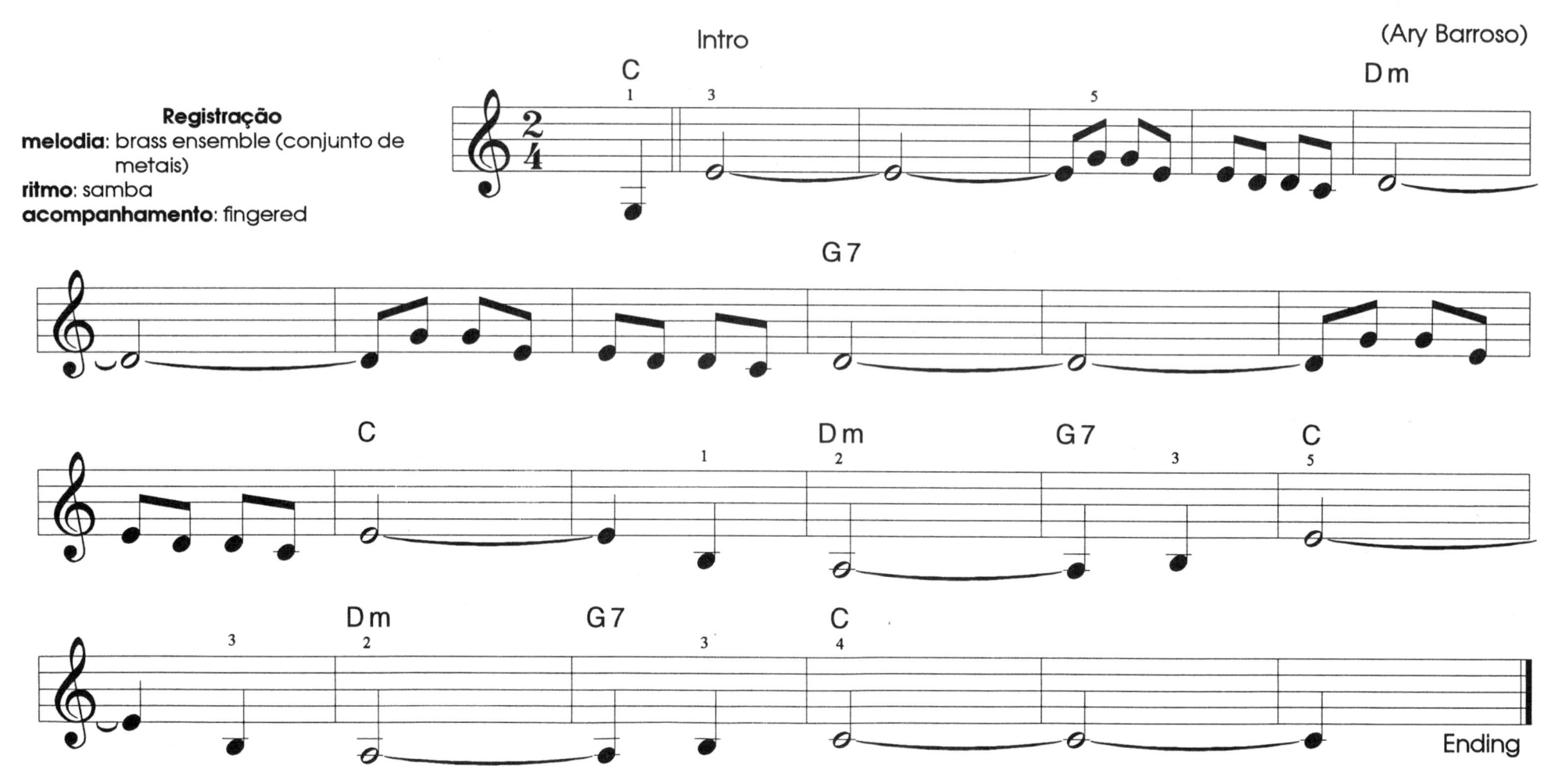

(Ary Barroso)

Registração
melodia: brass ensemble (conjunto de metais)
ritmo: samba
acompanhamento: fingered

O Que Estamos Aprendendo

Localização das notas na pauta e no teclado

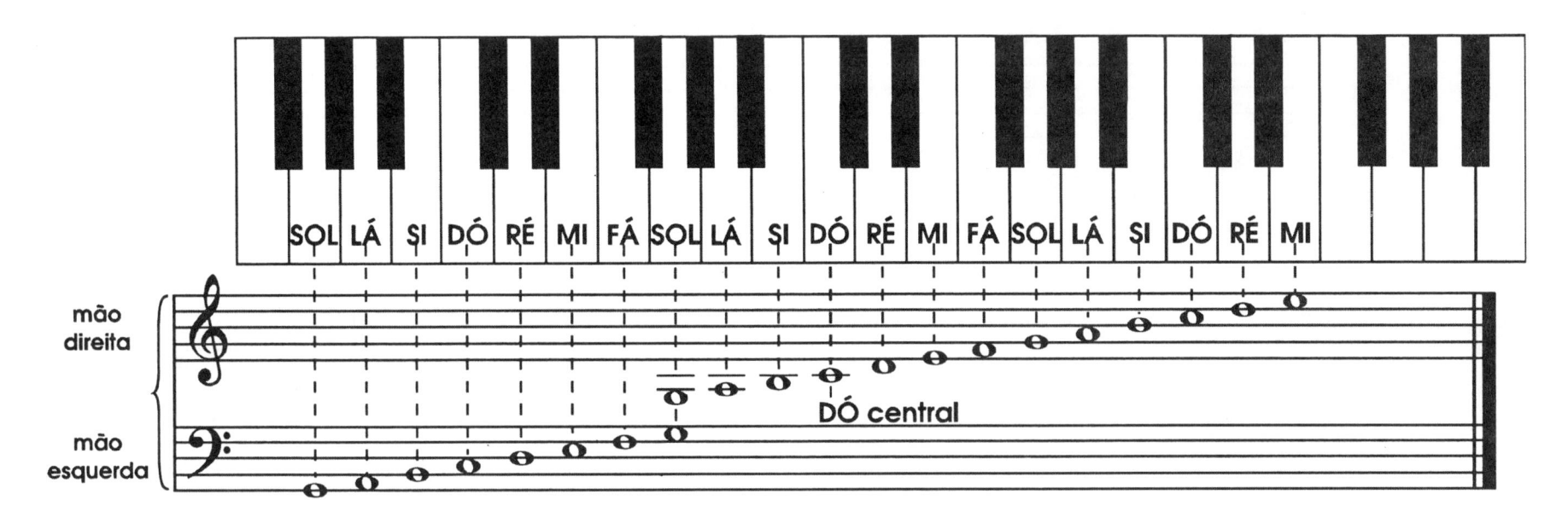

Linhas Suplementares - são usadas para escrevermos as notas musicais que ultrapassam o limite da pauta.

Linhas Suplementares Superiores

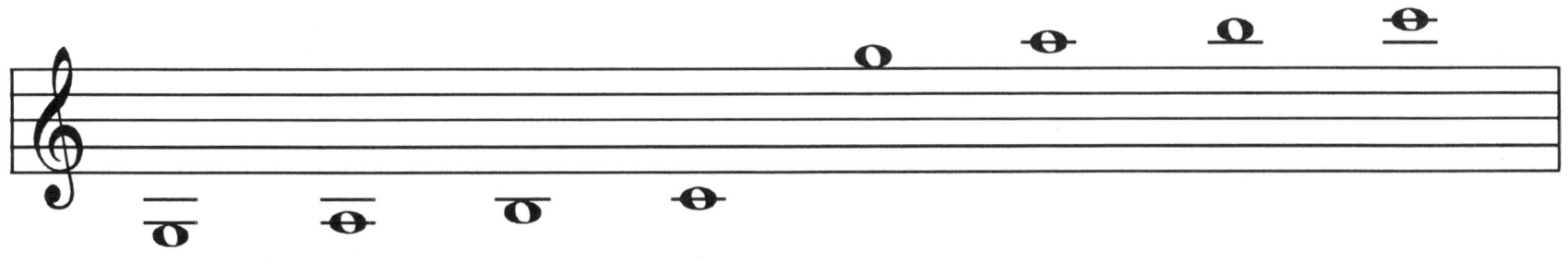

Linhas Suplementares Inferiores

Exercícios de Fixação

1) Escreva o nome das notas musicais:

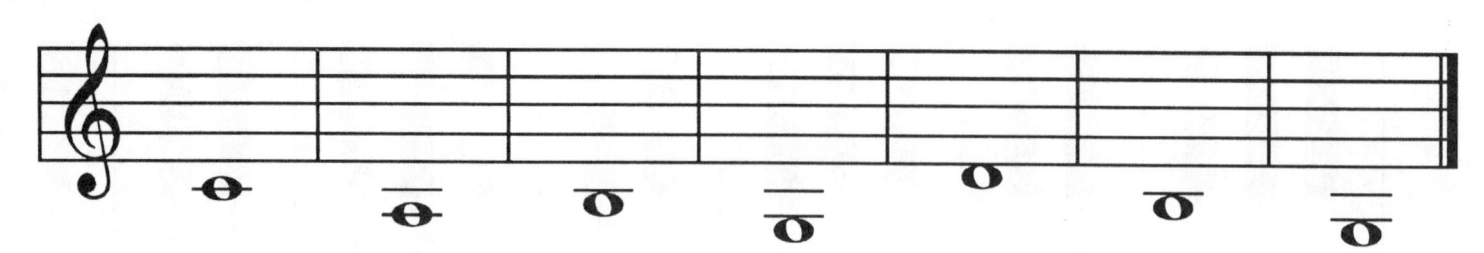

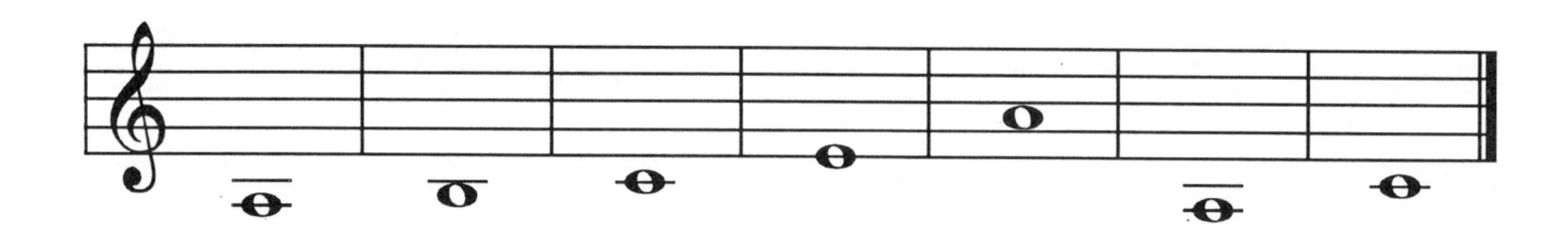

2) Desenhe as notas dos acordes em clave de fá:

C   G   G7   F   Dm

3) Bata palmas de acordo com a sequência rítmica:

4) Responda:

a) O que é pauta ou pentagrama?

b) Quais são as figuras musicais que você conhece?

c) O que é compasso?

d) Para que servem as claves?

e) O que são sinais de alteração ou acidentes?

f) Quais são os sinais de alteração que você conhece?

g) O que é ponto de aumento?

h) O que é anacrusa?

i) O que é ligadura?

j) O que são cifras?

l) Para que serve o dedilhado?

m) O que significa

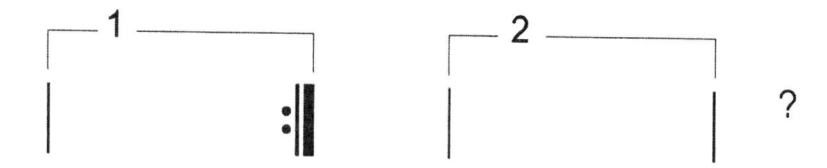

       ┌─── 1 ───┐   ┌─── 2 ───┐

       | :|| | | ?

Exercícios Práticos

REPERTÓRIO

JINGLE BELLS

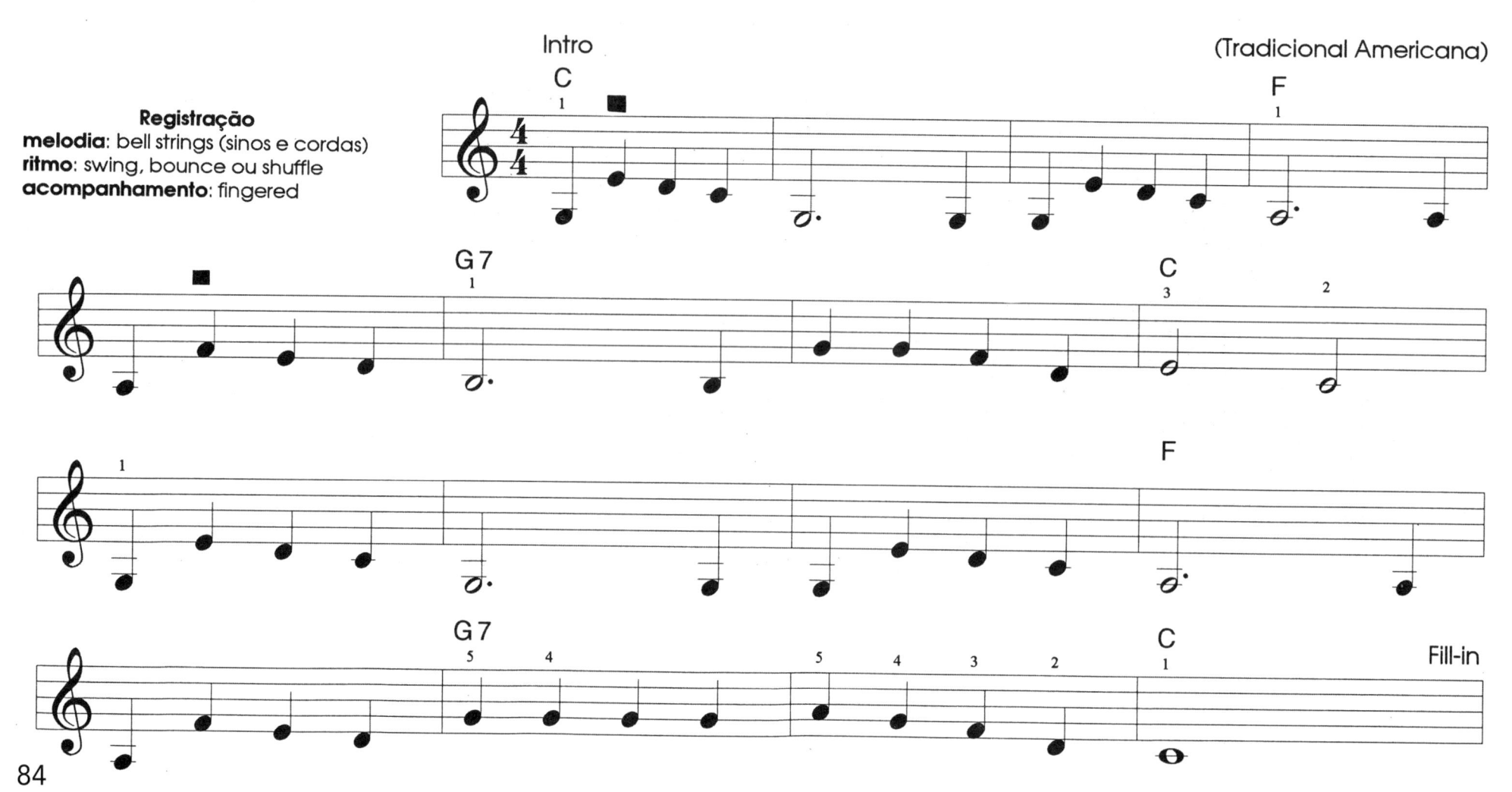

Intro (Tradicional Americana)

Registração
melodia: bell strings (sinos e cordas)
ritmo: swing, bounce ou shuffle
acompanhamento: fingered

85

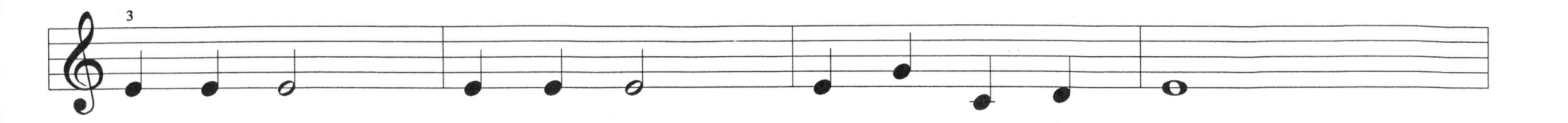

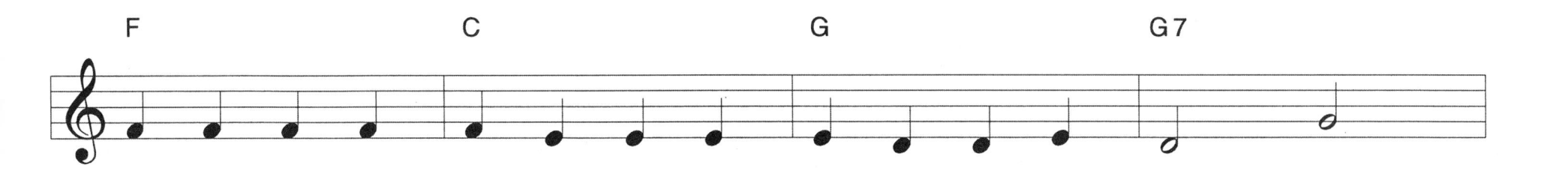

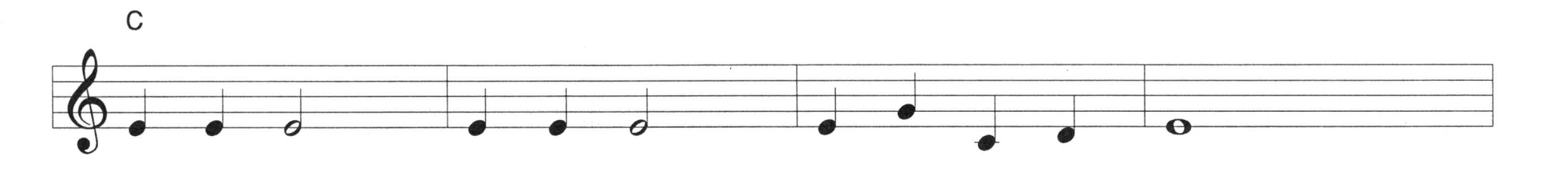

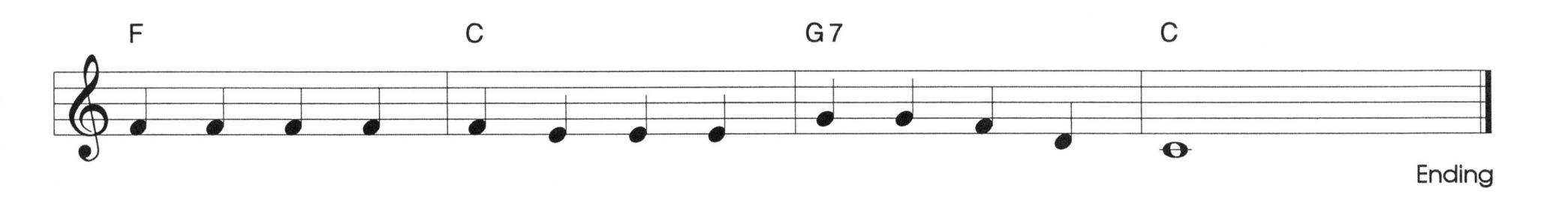

NOITE FELIZ

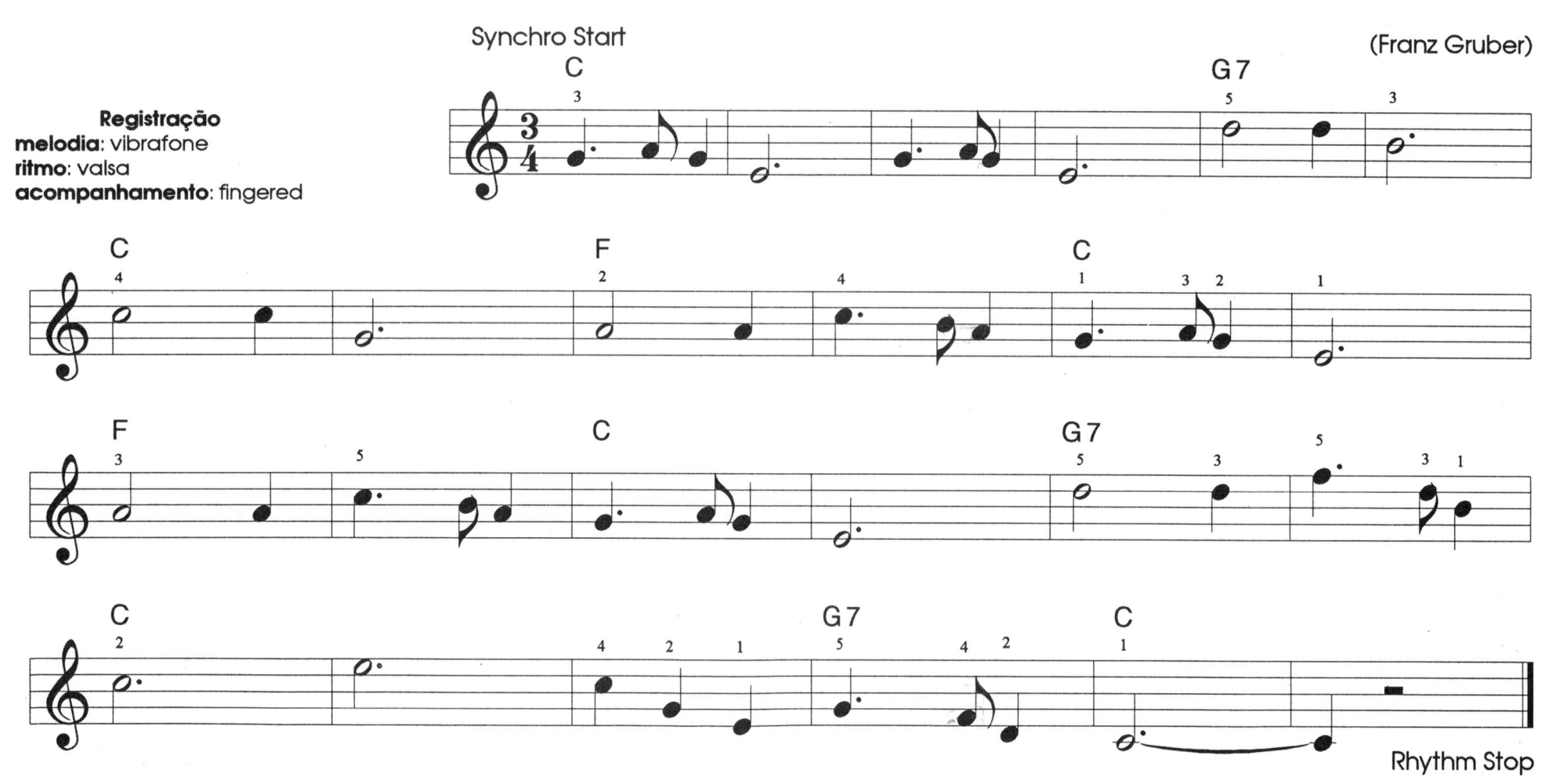

(Franz Gruber)

Registração
melodia: vibrafone
ritmo: valsa
acompanhamento: fingered

Synchro Start

Rhythm Stop

O Que Estamos Aprendendo

Localização das notas na pauta e no teclado

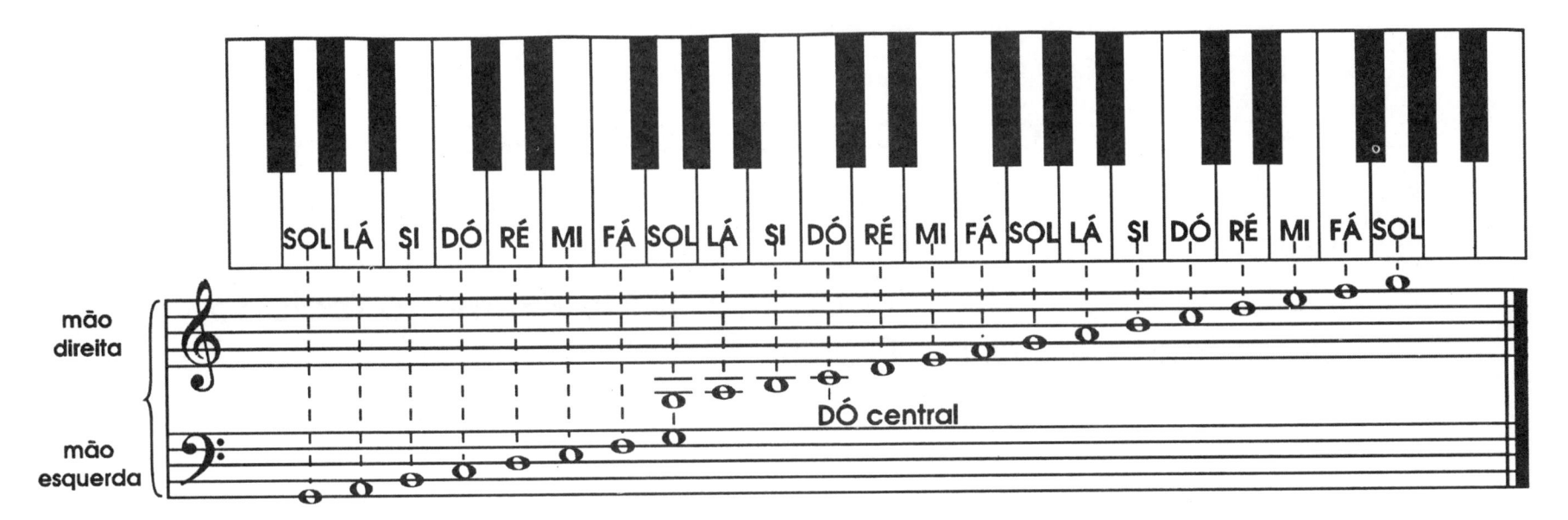

SOL LÁ SI DÓ RÉ MI FÁ SOL LÁ SI DÓ RÉ MI FÁ SOL LÁ SI DÓ RÉ MI FÁ SOL

mão direita

mão esquerda

DÓ central

♩. = semínima pontuada

CERTIFICADO DE CONCLUSÃO

Parabéns a ....
pela conclusão do método infantil **Meu Primeiro Teclado**,
de autoria de Cristine Prado.

.............., ... de .... de ....

Professor ....